TOP CHEF
SAISON 4

LES RECETTES DES FINALISTES
Leurs plus beaux plats

Photographies Patrick Rougereau

M6 ÉDITIONS

ÉDITO

Pour cette quatrième saison, les candidats de Top Chef se sont une nouvelle fois surpassés et nous ont véritablement impressionnés. Ils ont su, grâce à leur créativité et à leur savoir-faire, relever tous les défis imaginés par les chefs. Et cette année, le challenge était de taille puisqu'il s'agissait de concocter des plats d'exception à partir des produits du quotidien.

Jean-Philippe, Florent, Yoni, Naoëlle et Fabien, nos cinq finalistes de Top Chef, ont sélectionné pour vous 50 de leurs plus belles créations issues de l'émission. Ils ont tenu à les simplifier afin qu'elles soient facilement réalisables à la maison. Œuf coulant et beurre noisette, Mousse de fromage de chèvre aux carottes, Poireaux vinaigrette, Pomme de terre sous toutes ses coutures ou encore Crêpes façon Suzette… Avec ces plats faciles et, pour la plupart, peu onéreux, vous allez enfin comprendre pourquoi la cuisine gastronomique n'a jamais été aussi proche de vous.

Retrouvez aussi, en exclusivité les recettes des chefs, membres du jury !

LES CAN

DIDATS

SOMMAIRE

LES PLATS

LES DESSERTS

CANDIDATS

Florent LADEYN

Avec des parents restaurateurs, le benjamin des finalistes côtoie les cuisines depuis qu'il est tout petit. Son amour pour ce métier, Florent le tient de sa grand-mère qui l'a élevé, alors que ses parents travaillaient d'arrache-pied. Depuis lors, cet autodidacte a repris les rênes de l'affaire familiale (l'Auberge du Vert-Mont) et a été récompensé par le Gault et Millau en tant que jeune talent de la région Nord. Il définit sa cuisine comme bistronomique et créative.

Jean-Philippe WATTEYNE

Jean-Philippe vient de Belgique. Très jeune, il se passionne pour la cuisine grâce à sa grand-mère avec qui il passe beaucoup de temps à mijoter des plats. Il rêve d'entrer à l'école hôtelière et ses parents acceptent à condition qu'il suive des études supérieures. Aujourd'hui, épaulée par sa femme en salle, ce grand créatif dirige son propre restaurant (Icook) à Mons.

Naoëlle D'HAINAUT

Naoëlle désirait être décoratrice d'ameublement, mais son destin en a décidé autrement. Aujourd'hui, cette jeune maman de deux enfants est sous-chef au Bristol (3 étoiles au Michelin), et ce depuis près de dix ans. Sa cuisine se veut délicate et pleine de finesse. Elle apprécie la nouveauté mais à petite dose et aime y ajouter une pointe d'orient.

Fabien MORRÉALE

Fabien est un véritable entrepreneur. À 30 ans, il est à la tête de deux restaurants à Martigues et ne compte pas s'arrêter en si bon chemin. C'est sa rencontre avec le chef Pascal Ginoux (1 étoile au Michelin) qui a orienté sa carrière vers la cuisine. Ambitieux et fonceur, Fabien puise son inspiration dans ses voyages, les magazines et les livres. Sa cuisine est résolument moderne et aérienne.

Yoni SAADA

Fils et petit-fils de bouchers, Yoni a toujours adoré manger. À 18 ans, il se lance par hasard dans la cuisine, qui devient très vite une véritable passion. Aujourd'hui, chef de son restaurant (L'Osmose), il propose une cuisine gastronomique, pleine de mélanges et de créativité. Son leitmotiv : La création de nouveaux plats. Honnête et impatient, Yoni a la tête sur les épaules et ne se laisse pas marcher sur les pieds.

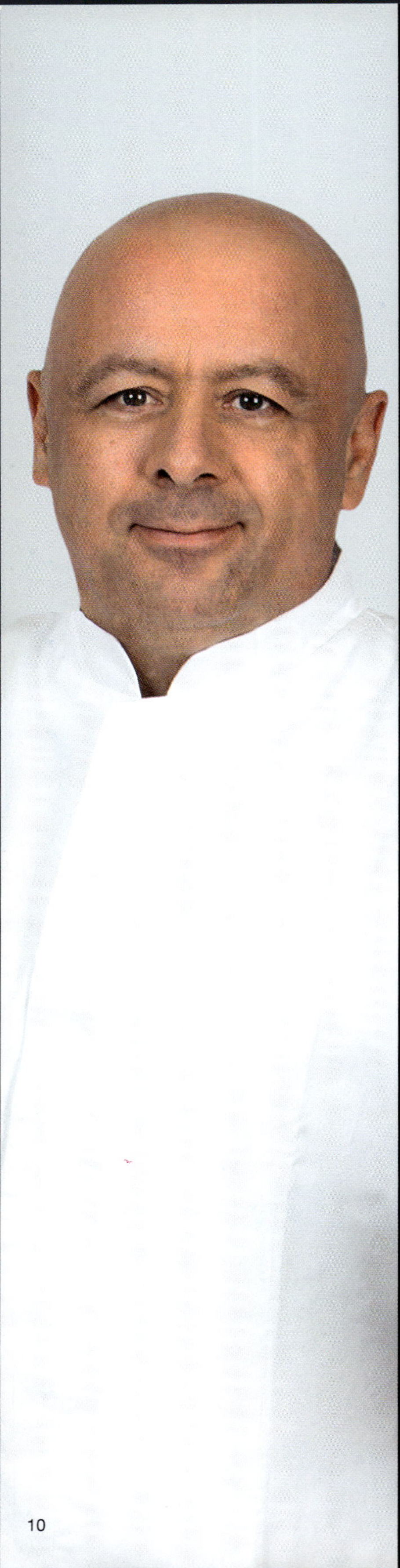

Le jury

Thierry MARX

Soufflé au fromage
sans four façon Thierry Marx

Ustensiles
- 2 poêles
- 1 cercle à gâteau
- Papier cuisson

Ingrédients
- 6 jaunes d'œufs
- 5 blancs d'œufs
- 120 g de fromage râpé (type comté)
- Beurre
- 10 g de farine

Pour 2 personnes | Préparation : 10 min | Cuisson : 10 min

L'astuce est de diminuer les agents liants. Par conséquent, lorsqu'on diminue la dose de farine ou de blancs d'œufs, il faut augmenter la dose de jaunes d'œufs par rapport à un soufflé classique.

Mélangez les 6 jaunes d'œufs avec 5 blancs d'œufs. Ajoutez le fromage râpé et mélangez bien. Le fromage va apporter de l'élasticité au soufflé.
Pour cuire un soufflé sans four, il faut refabriquer de l'énergie et cuire par convection. Prenez une poêle antiadhésive et disposez du papier cuisson au fond. Posez un cercle à gâteau préalablement beurré et fariné et versez la préparation à l'intérieur.

Pour dorer la surface, prenez une deuxième poêle préchauffée et placez-la par-dessus. Retournez la préparation et faites chauffer 10 minutes.

Le jury

Ghislaine ARABIAN

Moules-frites gastronomiques

Ustensiles
Friteuse • Four • Grande casserole ou marmite

Pour l'oignon frit évidé et les frites
2 gros oignons • Un peu d'huile d'olive • 300 g de pommes de terre • Huile de fiture • Sel

Pour les moules marinières et la sauce
1 kg de moules fraîches • 5 cl de vin blanc sec • Quelques branches de thym • Quelques feuilles de laurier • 40 g de beurre • 1 oignon ou échalote • 1 pot de crème liquide • 1 poireau • Quelques branches de céleri

Pour 2 personnes | **Préparation : 30 min** | **Cuisson : 1 h 30**

L'oignon
Préchauffez votre four à 150°C. Coupez le chapeau et une partie de la base des gros oignons sans les éplucher. Colorez les chapeaux et les oignons dans un peu d'huile d'olive. Salez. Enfournez 1 h 30. Creusez l'intérieur des oignons pour en faire des récipients.

Les frites
Épluchez les pommes de terre et taillez-les en frites. Faites-les cuire dans un bain d'huile à 140 °C. Les frites sont cuites lorsque la pointe du couteau passe au travers. Débarrassez et égouttez-les sur du papier absorbant. Laissez-les refroidir. Plongez-les à nouveau brièvement dans une huile à 160 °C au moment de servir. Égouttez bien, puis salez.

Les moules marinières
Taillez grossièrement le poireau et le céleri.
Faites cuire les moules dans une grande casserole pendant 7 minutes avec le vin blanc, les légumes, le laurier, le thym, l'oignon émincé et le beurre. Salez, poivrez. Laissez mijoter à couvert à feu doux. Lorsque les moules sont ouvertes, débarrassez. Décortiquez la moitié des moules. Réservez le jus de cuisson et les légumes.

La sauce
Ajoutez la même quantité de crème que de jus de moules. Portez à ébullition et faites réduire de moitié.

Le dressage
Disposez l'oignon évidé au centre de l'assiette. Garnissez-le de moules décortiquées. Disposez les légumes au-dessus en alternant avec des moules non-décortiquées. Décorez d'une feuille de laurier. Saucez dessus et autour. Posez quelques moules entières en décoration dans l'assiette et servez les frites salées dans un récipient à part.

Le jury

Jean-François PIÈGE

Calmar sauvage
préparé à la carbonara

800 g de calmar net • 200 g de lard espagnol au paprika • 8 jaunes d'œufs • 1 botte de ciboulette • 300 g de parmesan • 1 c. à s. d'huile d'olive • Sel fin • Poivre du moulin • Poivre mignonette

Crème de lard
600 ml de crème liquide • 100 g de lard d'Alsace au goût très fumé • 3 gousses d'ail rose • Beurre doux

Pour 8 personnes | Préparation : 10 min | Cuisson : 10 min

La crème de lard
Dans une cocotte, faites rôtir le lard des deux côtés. Puis, ajoutez le beurre coupé en morceaux et l'ail en chemise. Incorporez la crème liquide et portez à ébullition. Réduisez le feu et laissez chauffer jusqu'à ce que vous obteniez une consistance sirupeuse. Passez au chinois étamine et réservez au frais.

Le calmar
Préchauffez votre four sur la position gril. Ciselez finement la ciboulette, préalablement lavée, et clarifiez les œufs en réservant les jaunes dans leur coquille. Taillez le lard espagnol en fins lardons et faites-les revenir dans une poêle. Égouttez-les.
Coupez le calmar en bandes d'environ 1 mm de large dans le sens de la longueur, façon spaghetti. Assaisonnez les spaghetti de calmar d'huile d'olive et de sel fin.
Enfournez-les quelques minutes sous le gril en les mélangeant à la fourchette.
Ajoutez la crème de lard chaude et poivrez généreusement.
Saupoudrez de ciboulette ciselée, puis mélangez.

Le dressage
Dans des assiettes creuses, disposez les lardons sur les spaghetti puis ajoutez les jaunes d'œufs dans leur coquille au centre. Assaisonnez-les d'une pincée de poivre mignonette. Saupoudrez l'ensemble de parmesan râpé pour terminer.

Le jury

Christian CONSTANT

Chou farci au foie gras
et saucisse de Toulouse

1 gros chou vert ou 2 petits • 1 lobe de foie gras de canard mi-cuit • 1 kg de chair à saucisse de Toulouse • 200 g de carottes • 400 g d'oignons • 100 g de beurre • 2 gousses d'ail • Thym • Laurier • Huile • 2 œufs • 10 cl de lait • 200 g de mie de pain rassis • 1 botte de persil haché • 50 cl de fond de veau (maison ou préparé avec un fond déshydraté)

Pour 6 personnes | **Préparation : 1 h** | **Cuisson : 3 h**

Ébouillantez le chou et blanchissez-le pendant 1 minute.
Égouttez-le sur un torchon et conservez les grosses feuilles vertes pour « l'emballage ».
Émincez le cœur et les feuilles jeunes pour préparer une embeurrée.
Pelez et taillez en brunoise (en petits dés) les carottes et les oignons.
Faites fondre le beurre avec l'ail haché, ajoutez le thym et le laurier, puis faites revenir les carottes, la moitié des oignons et le chou émincé. Faites compoter à feu doux pendant 1 heure.

Faites doucement suer à l'huile les oignons restants.
Mélangez la chair à saucisse avec les œufs battus, la mie de pain trempée dans le lait, puis essorée, les oignons et le persil haché. Rectifiez l'assaisonnement.
Préchauffez votre four à 140°C (th. 5).
Tapissez le fond d'un grand saladier de film alimentaire en le laissant bien déborder. Disposez contre les parois les feuilles vertes du chou bien essorées en les laissant déborder aussi.

Étalez sur le fond et les parois du moule une bonne couche de farce, en pressant bien pour la faire adhérer au chou. Étalez une couche d'embeurrée de la même manière. Recouvrez de lamelles de foie gras. Répétez cette opération en finissant par une couche de farce. Rabattez les feuilles de chou sur la farce, puis le film alimentaire en appuyant fortement.

Démoulez le chou sur un plat à four (en ôtant le papier !).
Enfournez-le pour 2 heures en l'arrosant dès le début. Puis régulièrement en cours de cuisson, de quelques cuillérées de fond de veau préparé.
Présentez le chou farci entier dans un grand plat de service ou dans un plat à four.

Le jury

Cyril LIGNAC

Citron feuille niçois,

tarte croustillante à la noisette, crémeux citron jaune et crème glacée vanille Bourbon

Pour le crémeux au citron jaune
80 g d'œufs entiers • 80 g de sucre semoule • 5 g de Pulco® jaune ou purée de citron jaune • 1 g de zeste de citron jaune • 1 feuille de gélatine • 125 g de beurre doux

Pour le confit de citron
150 g de purée de citron • 14 g de sucre • 1 g de pectine NH • 1 gousse de vanille

Pour le sablé fin à la noisette
150 g de poudre de noisettes • 150 g de sucre glace • 150 g de farine • 150 g de beurre doux

Pour le dressage
4 plaquettes de chocolat blanc velouté Ivoire • 50 g de jus de citron jaune réduit parfumé à la vanille Bourbon • 4 feuilles de lemon cress • 4 quenelles de crème glacée vanille Bourbon

Pour 8 personnes — Préparation : 30 min — Cuisson : 20 min — Repos : 24 h

Le crémeux au citron jaune
Dans un bain-marie, versez les œufs et le sucre. Mélangez vivement au fouet puis ajoutez la purée de citron. Mélangez et faites cuire à 85°C. Passez au chinois fin dans un saladier. Incorporez la feuille de gélatine trempée et essorée. Mélangez et laissez refroidir à 45°C. Ajoutez le beurre et mixez à l'aide d'un bamix. Réservez 24 heures avant utilisation. Le lendemain, versez la préparation dans une poche munie d'une douille unie.

Le confit de citron
Mélangez 7 g de sucre à la pectine. Dans une sauteuse, versez la purée de citron avec le reste de sucre. Chauffez-la à petits frémissements, ajoutez la pulpe de vanille, mélangez. Ajoutez le sucre et la pectine, mélangez et laissez cuire de nouveau quelques minutes. Au terme de la cuisson, réservez cette préparation dans un petit récipient. Lorsque le confit est refroidi, versez-le dans une poche.

Le sablé fin à la noisette
Préchauffez le four à 180°C. Mélangez tous les ingrédients ensemble et réservez au frais. Étalez la pâte entre deux feuilles de papier sulfurisé sur 2 mm d'épaisseur, puis enfournez pour 12 minutes. Sortez la plaque du four, taillez la pâte en rectangles de 15 cm sur 2 cm, puis enfournez 5 minutes. Sortez-la et laissez-la refroidir.

Le dressage
Dans les assiettes, déposez un rectangle de sablé aux noisettes. Pochez des boules de crémeux citron tout le long de la pâte. Versez dans chaque boule un peu de confit au citron, déposez dessus une plaquette au chocolat blanc. À côté, versez un trait de réduction de citron jaune, déposez délicatement une feuille de lemon cress et une quenelle de crème glacée vanille Bourbon.

ENTRÉES

Fabien

ÉLÉGANCE DE RACINES
et dos de cabillaud étuvé

Préparation : 1 h – Cuisson : 40 min

Pour 4 personnes

400 g de topinambours
400 g de cabillaud
1 oignon
1 radis noir
1 carotte
½ courgette
5 cl de vin blanc
20 cl de crème liquide
70 g de beurre doux
1 c. à s. d'huile d'olive
Quelques gouttes de vinaigre balsamique
Jeunes pousses
Sel, poivre

Ustensiles
1 mandoline
1 blender

La soupe de topinambours
Faites revenir à feu doux les topinambours et l'oignon épluchés et émincés dans l'huile d'olive. Faites cuire pendant 20 minutes, puis déglacez au vin blanc et recouvrez d'eau à hauteur. Mixez dans un blender avec le beurre et la crème liquide.

Les dos de cabillaud
Coupez les morceaux de cabillaud en parts régulières. Salez et poivrez.
Faites-les revenir dans une poêle d'un côté seulement pendant 1 minute à feu vif, puis baissez à feu doux et couvrez pendant 15 minutes. Retirez du feu.

À l'aide d'une mandoline, taillez la carotte épluchée en fines lamelles, le radis noir et la courgette en fine julienne. Assaisonnez d'huile d'olive et de vinaigre.

Le dressage
Placez le cabillaud au centre de l'assiette. Décorez de bâtonnets de radis noir et de courgette. Saupoudrez de jeunes pousses. Servez la soupe de topinambours à part. Versez au moment de la dégustation.

Naoëlle

CARPACCIO DE SAINT-JACQUES
et céleri branche, crème de yuzu

Préparation : 45 min – Marinade : 10 min

Pour 4 personnes

8 coquilles Saint-Jacques
1 pied de céleri branche
1 citron jaune
2 c. à s. de jus de yuzu
8 g de kappa
½ c. à c. de curry
4 c. à s. de crème épaisse
4 c. à s. d'huile d'olive
Sel de Guérande
Poivre mignonette

Ustensile
1 centrifugeuse
Des cure-dents

La crème de yuzu
Dans un bol, mélangez la crème épaisse et le jus de yuzu. Ajoutez une pincée de sel et du poivre mignonette.

Les Saint-Jacques
Centrifugez le pied de céleri (pour obtenir environ 500 g de liquide). Versez le jus de céleri dans une casserole, ajoutez la poudre de kappa et une pointe de sel. Portez à ébullition, puis retirez du feu et réservez.
Ouvrez les coquilles Saint-Jacques. Détachez les noix, puis lavez-les et séchez-les. Piquez-les avec des cure-dents et enrobez-les dans le jus de céleri. Laissez mariner 10 minutes au réfrigérateur. Puis coupez les noix de Saint-Jacques en carpaccio.

La vinaigrette au curry
Dans un grand bol, mélangez le jus du citron avec le curry et l'huile d'olive. Salez.

Le dressage
Répartissez la crème de yuzu dans les assiettes, surmontez-la du carpaccio de Saint-Jacques et arrosez de vinaigrette. Assaisonnez de sel de Guérande et de poivre mignonette.

Yoni

MAKIS DE CABILLAUD,
bouillon thaï et gelée de framboises à la rose

Préparation : 1 h 30 – Cuisson : 1 h – Réfrigération : 15 min – Infusion : 10 min

Pour 4 personnes

Pour le bouillon
5 g de gingembre
5 g de citronnelle
5 cl de sauce soja
500 g d'ailerons de volaille
1 poireau

1 barquette de framboises
1 betterave crue Chioggia
1 pincée de fleur de roses séchées en poudre
5 g d'agar-agar
1 dos de cabillaud de 300 g
4 feuilles d'algues nori
20 cl de crème liquide
5 g d'amandes effilées
Quelques feuilles de shiso vert

Ustensile
1 mixeur plongeur

Le bouillon de volaille
Dans une casserole d'eau froide, mettez le gingembre coupé en morceaux, la citronnelle, la sauce soja et les ailerons de volaille. Laissez bouillir 40 minutes.
Puis, pochez le poireau coupé en tronçons dans le bouillon pendant 3 minutes. Retirez et réservez.

La gelée de framboises à la rose
Faites infuser dans un saladier d'eau pendant 10 minutes les framboises, la moitié de la betterave cuite coupée en dés et la fleur de roses. Passez au chinois étamine. Puis portez à ébullition dans une casserole avec 3 g d'agar-agar et laissez bouillir 1 minute. Versez sur une assiette plate avec des rebords et placez au réfrigérateur pendant 15 minutes. Sortez du réfrigérateur et coupez en petits dés.

Les makis de cabillaud
Roulez le cabillaud dans du film alimentaire. Coupez dans la longueur à la taille des makis souhaités et pochez-le dans le bouillon de volaille pendant 5 minutes.
Égouttez-le, retirez le film, roulez dans les feuilles d'algues nori et coupez-le en maki.
Faites chauffer la crème liquide avec le reste d'agar-agar. Puis émulsionnez au mixeur plongeur.

Le dressage
Disposez les makis. Décorez de cubes de gelée, de poireaux émincés, de betterave Chioggia coupée en lamelles, de feuilles de shiso et d'amandes effilées poêlées à sec.
Accompagnez d'un bol de bouillon bien chaud surmonté de l'émulsion de crème.

Florent

MOUSSE DE FROMAGE
de chèvre aux carottes

Préparation : 30 min – Cuisson : 20 min – Repos : 30 min

Pour 4 personnes

300 g de carottes
1 botte de mini-carottes nouvelles
400 g de fromage de chèvre affiné
200 g de crème liquide 35%
200 g de vinaigre de riz
15 baies roses
100 g de vin blanc
60 g de sucre roux
1 feuille de laurier
1 branche de thym
50 g de beurre
1 c. à s. d'huile de tournesol
Quelques jeunes pousses de poireaux
Sel, poivre

Ustensiles
1 poche à douille
1 mandoline

La mousse de chèvre
Dans une casserole, portez la crème liquide à ébullition. Puis, ajoutez le fromage de chèvre coupé en dés. Salez, poivrez et mixez le tout. Passez la préparation au chinois. Laissez refroidir au réfrigérateur dans une poche à douille.

Les carottes
Coupez les carottes épluchées dans le sens de la longueur avec une mandoline afin d'en faire des tagliatelles.
Dans une casserole, faites bouillir le vinaigre de riz avec les baies roses, le vin blanc, le sucre roux, le laurier, le thym et une pincée de sel. Retirez du feu et plongez les tagliatelles de carottes. Laissez reposer 30 minutes, puis égouttez et roulez en rouleaux.
Dans une poêle, faites fondre le beurre et ajoutez l'huile. Puis faites blondir les mini-carottes juste lavées. Elles doivent être cuites tout en restant croquantes. Salez, poivrez.

Le dressage
Remplissez les rouleaux de carottes de mousse de fromage de chèvre et disposez-les dans chaque assiette avec les mini-carottes. Décorez de pousses de poireaux.

Yoni

BAR EN TARTARE,
pomme-kiwi et vodka aux herbes de bison

Préparation : 30 min – Marinade : 4 h

Pour 5 personnes

500 g de bar de ligne
100 g de pomme granny
100 g de kiwis
12 cl de vodka aux herbes de bison
3 citrons verts
1 jaune d'œuf
20 cl d'huile d'olive
50 g d'échalotes
6 radis roses
3 mini-fenouils
1 boîte de limon cress (facultatif)
Quelques fleurs comestibles

Ustensiles
1 mandoline
1 emporte-pièce

Levez les filets de bar, retirez la peau et les arêtes. Puis coupez-les en dés d'environ 1 cm. Laissez mariner le tartare de bar dans un saladier avec le zeste des citrons verts râpé, 4 cl de vodka et le jus de 1 citron vert.

Coupez en brunoise les pommes et les kiwis épluchés. Réservez.

Émulsionnez une vinaigrette avec le reste de vodka, le jus des 2 citrons, le jaune d'œuf et l'huile d'olive.

Ciselez les échalotes, émincez à la mandoline les radis roses et les mini-fenouils.
Assaisonnez les légumes émincés à la vinaigrette.

Le dressage
À l'aide d'un emporte-pièce, dressez la pomme et le kiwi, puis le tartare mariné. Surmontez des légumes assaisonnés et finissez avec les micro-végétaux et les fleurs comestibles.

Jean
Philippe

CARPACCIO DE BŒUF ET OURSIN,
condiment de fruits de la passion

Préparation : 30 min – Congélation : 10 min

Pour 2 personnes

160 g de cœur de filet de bœuf
2 oursins
1 fruit de la passion
½ tomate zebra verte
5 cl d'huile d'olive
10 baies roses
Poivre du moulin

Percez les oursins et retirez les cœurs mous. Récupérez l'eau des oursins dans un cul de poule et passez-la au chinois. Coupez les oursins et récupérez les langues (partie jaune).

Videz le fruit de la passion pour récupérer les grains. Dans un bol, placez les grains du fruit de la passion dans l'eau des oursins.
Puis coupez la chair de la tomate en petits dés. Récupérez les pépins et mélangez-les aux fruits de la passion dans l'eau des oursins. Laissez mariner. Passez au chinois et ajoutez les dés de tomate.

Coupez le filet de bœuf en fines tranches.
Déposez les tranches entre deux feuilles de papier sulfurisé et placez-les au congélateur pendant 10 minutes. Sortez-les et taillez-les en lamelles sur le papier sulfurisé.

Le dressage
Sur une assiette, tirez un trait de langues d'oursin hachées. Répartissez les lamelles de filet de bœuf (après avoir retiré le papier sulfurisé), assaisonnez-les des grains de fruit de la passion et des dès de tomate. Poivrez et saupoudrez de baies roses. Terminez par un filet d'huile d'olive.

Naoëlle

COULIS DE LAITUE
et son goût iodé

Préparation : 45 min – Cuisson : 25 min

Pour 4 personnes

2 laitues
12 huîtres
12 feuilles de salade tétragone (jeunes pousses d'épinard)
12 pommes de terre ratte
1 échalote
1 brin d'aneth
300 g beurre demi-sel
1 c. à s. de vinaigre de xérès
1 c. à c. d'huile
Quelques feuilles de riquette (ou cresson)
Sel, poivre

Ustensile
1 blender

Le coulis de laitue
Récupérez les feuilles vertes des 2 laitues et réservez les cœurs. Dans une casserole d'eau bouillante salée, faites cuire les feuilles de salades pendant 5 minutes, puis rafraîchissez-les à l'eau froide et égouttez-les en conservant l'eau de cuisson. Faites cuire 50 g de beurre jusqu'à ce qu'il obtienne une coloration noisette. Mixez les feuilles cuites avec le beurre noisette et ajoutez un peu de bouillon de cuisson pour détendre le coulis. Réservez.

Le tartare d'huîtres
Ouvrez et détachez les huîtres de leur coquille. Puis coupez-les finement, comme vous le feriez pour un tartare. Ajoutez l'échalote hachée, l'aneth ciselé et le vinaigre de xérès. Mélangez et réservez.

Les pommes de terre
Faites confire les pommes de terre épluchées dans une casserole avec le beurre demi-sel pendant 20 minutes. A l'aide d'une petite cuillère, creusez chaque pomme de terre et déposez-y le tartare d'huîtres. Lustrez chaque feuille de tétragone et quelques feuilles de riquette avec de l'huile d'olive.

Le dressage
Dans une assiette creuse, versez le coulis de laitue. Ajoutez 3 pommes de terre ratte farcies. Décorez avec les feuilles de salade tétragone et les cœurs de laitue.

Jean
Philippe

ŒUF COULANT
et beurre noisette

Préparation : 1 h – Cuisson : 15 min

Pour 4 personnes

6 œufs
100 g de farine
1 dl de vinaigre de vin rouge
100 g de Panko (chapelure asiatique)
200 g de beurre
1 c. à c. de moutarde
1 botte de ciboulette
Fleur de sel
Sel, poivre
Huile de friture

Ustensiles
1 seringue à aiguille
1 friteuse
1 poche à douille

Dans une casserole, portez à ébullition le vinaigre dilué dans de l'eau.
Cassez 4 œufs dans 4 ramequins différents. Faites-les cuire un à un 2 minutes dans l'eau frémissante, comme des œufs pochés. Sortez-les avec une écumoire et placez-les aussitôt dans une casserole d'eau glacée salée.

Dans une petite poêle, faites chauffer le beurre jusqu'à ce qu'il ne soit plus mousseux pour obtenir un beurre noisette. Puis passez-le au chinois tapissé de papier absorbant ou d'un filtre à café.

Parez les œufs pochés pour les arrondir et roulez-les dans 1 œuf entier battu puis dans la chapelure pour les paner.
Passez-les 1 minute et 20 secondes dans la friteuse à 175°C et déposez-les sur un papier absorbant.

Avec une seringue à aiguille assez épaisse, prélevez du beurre noisette et injectez-le au cœur des œufs pochés frits (environ 3 mg).

Clarifiez 1 œuf. Mélangez le blanc avec la farine. Salez, poivrez et placez dans une poche à douille.
Dans la friteuse à 140°C, réalisez une rosace avec un filet en tournant.
Laissez frire 3 à 4 minutes et égouttez les rosaces sur du papier absorbant. Salez.

Montez le jaune d'œuf restant en mayonnaise avec le restant du beurre noisette et la moutarde. Salez et poivrez.

Le dressage
Dans chaque assiette, disposez 1 œuf poché frit surmonté d'une rosace et de fleur de sel. Accompagnez de quelques points de mayonnaise et décorez de brins de ciboulette.

Florent

PIZZA FOOD TRUCK

Préparation : 1 h – Cuisson : 45 min

Pour 4 personnes

100 g de pâte à pizza
6 tomates
4 tomates cerise
1 boule de mozzarella
2 oignons blancs
1 gousse d'ail
2 c. à s. d'huile olive
1 pincée de piment d'Espelette
1 poignée de jeunes pousses
Sel, poivre
Huile de friture

Ustensiles
1 emporte-pièce de 2 cm de diamètre
1 mixeur
1 friteuse

Le pain soufflé
Dans la pâte à pizza étalée, faites des cercles à l'emporte-pièce. Puis, faites-les frire 3 minutes à 180 °C. Réservez-les sur du papier absorbant.

La soupe de tomates
Dans une poêle, faites suer les oignons blancs émincés avec l'huile d'olive, puis ajoutez les tomates coupées en petits dés, une pincée de piment d'Espelette et l'ail haché. Recouvrez d'eau. Salez, poivrez et laissez cuire 30 minutes à feu vif. Mixez et passez au chinois.

Les tomates cerise
Préchauffez votre four à 180 °C. Disposez les tomates cerise dans un plat à gratin et enfournez 10 minutes.

Le dressage
Versez la soupe de tomates dans les bols, puis disposez la tomate cerise rôtie au centre. Ajoutez la mozzarella coupée en dés, puis la salade de jeunes pousses et enfin les boules de pâte à pizza soufflée.

Fabien

MAKI MIMOSA

Préparation : 1 h – Cuisson : 15 min

Pour 4 personnes

10 œufs
1 citron
3 branches de basilic
3 brins de ciboulette
2 c. à s. de sauce soja
1 c. à s. de moutarde
Huile d'amande
(ou huile d'olive)
Sel, poivre

Ustensiles
1 poche à douille
1 tamis

Fouettez délicatement 3 œufs entiers, 2 blancs et 1 cuillerée à soupe d'huile d'amande. Salez, poivrez. Réservez les 2 jaunes restants.
Dans une poêle pas trop chaude, réalisez 3 crêpes très fines avec la préparation et faites cuire environ 1 minute de chaque coté. Réservez.

Montez une mayonnaise avec 2 jaunes réservés, de l'huile d'amande, la moutarde et le zeste du citron râpé, salez (ou versez quelques gouttes de sauce soja). Réservez dans une poche à douille.

Dans une casserole d'eau froide, faites cuire les 5 œufs restants. Portez à ébullition et laissez cuire 9 minutes, puis écalez les œufs.
Séparez le jaune des blancs et passez le jaune, puis le blanc au tamis pour faire une poudre.

Sur une planche, disposez les crêpes, étalez au milieu le blanc d'œuf en poudre, un trait de jaune d'œuf en poudre, un trait de mayonnaise et un brin de ciboulette.
Roulez façon maki. Découpez en makis pas trop épais afin d'en faire des bouchées.

Le dressage
Disposez 3 makis par assiette et décorez de noisettes de mayonnaise, de gouttes de soja, de branches de basilic et de quelques gouttes d'huile d'amande. Servez chaque assiette accompagnée d'une paire de baguettes.

Jean
Philippe

GAMBAS EN 2 PRÉPARATIONS,
vinaigrette à la framboise

Préparation : 1 h – Cuisson : 10 min

Pour 2 personnes

2 gambas géantes
1 abricot sec
6 framboises fraîches
2 feuilles de salade romaine
1 citron vert
100 g de farine
1 botte de jeunes pousses de basilic
1 piment rouge
6 baies roses
90 g de sucre glace
1 noisette de beurre
1 dl de vinaigre de framboise
Huile d'olive
Sel, poivre

Ustensiles
1 emporte-pièce rond
1 feuille de silicone

Les gambas
Décortiquez les gambas. Châtrez-les en retirant les organes.
Assaisonnez la plus grosse partie de la queue avec les baies roses. Salez-les et poêlez-les rapidement avec une noisette de beurre ; le centre doit rester translucide en son cœur.
Hachez le reste des gambas en tartare. Ajoutez l'abricot haché, quelques morceaux de piment haché et un quartier de citron vert. Mélangez et assaisonnez avec l'huile d'olive, le jus du citron vert, du sel et du poivre. Laissez mariner.

La tuile
Préchauffez votre four à 180°C. Dans un saladier, fouettez la farine, le sucre glace, une pincée de sel et 90 g de vinaigre de framboise. Puis étalez à la spatule sur une feuille en silicone et enfournez 4 minutes.
Sortez du four, posez sur un rouleau à pâtisserie et laissez durcir (de façon à prendre la forme arrondie).

La vinaigrette de framboises
Dans un saladier, fouettez les framboises avec le reste du vinaigre de framboise, 1 filet d'huile d'olive et des petites feuilles de basilic. Salez, poivrez.

Le dressage
Disposez le tartare de gambas à l'aide de l'emporte-pièce rond dans les assiettes et surmontez-le de la gambas poêlée. Placez une tuile sur le côté, décorez avec les feuilles de romaine et arrosez de vinaigrette à la framboise.

Yoni

DÉCLINAISON DE LÉGUMES
en carpaccio

Préparation : 1 h – Cuisson : 10 min

Pour 4 personnes

1 carotte noire
1 carotte
1 betterave Chioggia
2 mini-navets
2 champignons de Paris
1 pomme verte
½ citron
1 coing
1 clémentine
2 oignons nouveaux
1 jaune d'œuf
15 cl de vinaigre de xérès
5 cl de porto rouge
1 branche d'estragon
½ botte de ciboulette
5 cl d'huile d'amande
5 cl d'huile d'olive
Germes pour la décoration
Fleur de sel, poivre

Ustensile
1 mandoline

Émincez à la mandoline la betterave, les mini-navets, les champignons et les carottes épluchés. Réservez-les dans un saladier d'eau froide et de glaçons pendant 20 minutes.
Pendant ce temps, coupez la pomme verte en bâtonnets. Arrosez-les du jus du citron et saupoudrez-les d'estragon et de ciboulette ciselés. Réservez.

Découpez le coing épluché en petits dés et faites-les cuire dans une casserole, départ à froid, avec la moitié du vinaigre de xérès.
Dans une autre casserole, versez le reste de vinaigre et le porto. Portez à ébullition. Puis incorporez le blanc des oignons nouveaux émincés. Retirez du feu et ajoutez le jus du coing et le jaune d'œuf. Puis fouettez avec l'huile d'amande et l'huile d'olive.
Émincez le vert des oignons nouveaux.

Assaisonnez les légumes avec la vinaigrette au porto. Ajoutez la fleur de sel et poivrez.

Le dressage
Répartissez les légumes en quinconce dans les assiettes. Accompagnez-les de vinaigrette émulsionnée. Saupoudrez de zeste de clémentine râpé et de germes.

Naoëlle

CERISE-CERISE

Préparation : 45 min – Cuisson : 20 min – Infusion : 5 min – Réfrigération : 20 min

Pour 5 personnes

1 kg de cerises fraîches
500 g de cerises amarena au sirop
1 terrine de foie gras de 1 kg
10 amandes fraîches
5 feuilles de gélatine
10 g de kappa
1 botte de verveine
1 c. à s. de miel
2 c. à s. de vinaigre balsamique
Sel, poivre mignonette

Ustensiles
1 mixeur plongeur
1 grosse cuillère à pomme parisienne
1 mandoline

Le carpaccio de cerises
Lavez et dénoyautez 750 g de cerises fraîches. Coupez-les en fines rondelles avec une mandoline et disposez-les directement sur les assiettes de service.

La gelée de cerise
Dans une casserole, faites suer à feu moyen 250 g de parures de cerises fraîches avec le miel et déglacez avec le vinaigre balsamique. Versez 750 g d'eau et laissez cuire 10 minutes. Retirez du feu et laissez infuser la verveine 5 minutes après avoir réservé quelques feuilles pour la décoration. Passez au chinois et ajoutez les feuilles de gélatine ramollies dans un bol d'eau froide et essorées. Mélangez jusqu'à ce que vous obteniez une gelée. Puis recouvrez les carpaccios de gelée et placez les assiettes au réfrigérateur 10 minutes.

Les boules de foie gras
Plongez la cuillère à pomme parisienne dans un bol d'eau chaude. Puis réalisez des boules de terrine de foie gras. Coupez les boules en deux, insérez une cerise amarena au centre, salez, poivrez et refermez. Réservez 10 minutes au congélateur.

Le glaçage
Récupérez le sirop amarena (environ 250 g) et versez-le dans une casserole. Ajoutez l'équivalent (environ 250 g) d'eau et la kappa. Portez à ébullition et retirez du feu. Mixez. Piquez des cure-dents dans les boules de foie gras juste sorties du congélateur et trempez-les dans le glaçage.

Le dressage
Disposez les boules de foie gras sur les carpaccios de cerises et remplacez les cure-dents par des queues de cerise. Décorez d'amandes épluchées et coupées en quatre et de feuilles de verveine.

Florent

POIREAUX
vinaigrette

Préparation : 1 h – Cuisson : 1 h

Pour 3 personnes

4 verts de poireaux
4 œufs
1 c. à s. de sucre
1 botte de ciboulette
1 c. à s. d'huile de tournesol
1 c. à s. de vinaigre balsamique blanc
20 g de gros sel
1 pincée de fleur de sel
Poivre du moulin

Ustensiles
1 centrifugeuse
1 mandoline

Les tuiles de meringue
Préchauffez votre four à 80 °C. Passez 2 verts de poireaux à la centrifugeuse. Séparez le blanc des jaunes d'œufs. Réservez les jaunes.
Puis, dans un saladier, battez les 4 blancs d'œufs avec le jus de poireau, ajoutez une pincée de fleur de sel, un tour de poivre du moulin et le sucre.
Sur une plaque recouverte de papier sulfurisé (ou une plaque en silicone), répartissez cette préparation afin d'en faire une fine couche homogène et enfournez 1 heure. Puis découpez la meringue en tuiles.

Les poireaux
Pendant ce temps, coupez avec la mandoline le cœur des 2 autres verts de poireaux en julienne d'environ 10 cm de longueur. Faites cuire la julienne de poireaux dans une casserole d'eau bouillante avec le gros sel. Rafraîchissez-la à l'eau froide, puis égouttez-la.
Préparez une vinaigrette en mélangeant l'huile, le vinaigre et la ciboulette ciselée. Arrosez la julienne de poireaux de vinaigrette et mélangez.

Le dressage
Répartissez la julienne de poireaux en vinaigrette dans les assiettes, surmontez-la de tuiles de meringue aux poireaux. Décorez les assiettes avec des filets de jaunes d'œufs.

Naoëlle

DÉCLINAISON DE CAROTTES
et de coques

Préparation : 1 h 30 – Cuisson : 40 min

Pour 4 personnes

6 grosses carottes violettes
1 carotte jaune
6 mini-carottes orange
3 mini-carottes violettes
1 citron jaune
20 coques fraîches
30 g de gingembre entier
5 cl de vin blanc
½ échalote
60 g de beurre
½ l d'huile de friture
Sel

Ustensiles
1 blender
1 mandoline

La purée de carottes violettes
Dans une grande casserole d'eau bouillante salée, faites cuire pendant 20 minutes 5 carottes violettes épluchées et finement émincées avec 10 g de gingembre. Retirez le gingembre, puis mixez les carottes avec un peu de jus de cuisson et 30 g beurre.
Quand vous obtenez une texture lisse, ajoutez le reste de gingembre coupé en petits dés et un filet de jus de citron. Salez et mélangez. Réservez.

Les dés de carottes
Faites cuire dans une grande casserole d'eau bouillante salée la carotte jaune et les mini-carottes épluchées et coupées en dés pendant 10 minutes. Puis rafraîchissez-les dans un bain d'eau glacée.

Les chips de carottes
Coupez à la mandoline la dernière carotte violette épluchée. Puis plongez-la avec les fanes de carottes dans une casserole d'huile à 90°C. Laissez les fanes frire pendant 2 minutes et les rondelles de carotte violette entre 5 et 8 minutes. Vous devez obtenir des chips croustillantes.

Les coques
Dans une sauteuse, faites suer l'échalote émincée dans le reste de beurre. Puis versez les coques et déglacez au vin blanc. Couvrez pendant 3 minutes et retirez du feu dès que les coques sont ouvertes. Retirez l'échalote et ajoutez les dés de carottes. Mélangez quelques minutes afin de les enrober de beurre.

Le dressage
Dans chaque assiette, versez une grande larme de purée de carottes violettes, puis disposez quelques coques décortiquées, les dés de carottes et enfin les chips et les fanes frits. Décorez d'une coque entière sur le côté.

Naoëlle

CHAUD-FROID DE CÈPES
et son voile persillé

Préparation : 1 h – Cuisson : 30 min – Congélation : 25 min

Pour 4 personnes

8 cèpes
50 g de jambon pata negra en chiffonnade
20 g de farine
100 g de chapelure
2 tranches de pain de mie
50 g de poudre de parmesan
4 gousses d'ail
2 échalotes
2 bottes de persil
250 g de crème liquide
170 g de beurre doux
100 g de beurre demi-sel
1 filet d'huile d'arachide
Sel, poivre

Ustensiles
1 mixeur plongeur
1 emporte-pièce

La croûte persillée
Dans un saladier, faites ramollir 100 g de beurre doux et le beurre demi-sel au four à micro-ondes. Puis, ajoutez la farine, la chapelure, la poudre de parmesan, 3 gousses d'ail et le persil finement hachés. Poivrez et mélangez. Étalez la préparation obtenue sur une feuille de papier sulfurisé et recouvrez-la d'une deuxième feuille de papier sulfurisé. Placez au congélateur 25 minutes.

Les cèpes
Coupez en deux les cèpes lavés. Puis parez-les afin que chaque moitié ait une jolie forme de bouchon. Réservez les parures pour la crème de cèpes. Dans une poêle, faites chauffer un filet d'huile et faites colorer le côté lisse des cèpes. Ajoutez 20 g de beurre et retournez les cèpes. Incorporez la gousse d'ail restante coupée en deux et laissez cuire à feu doux quelques minutes en arrosant régulièrement les champignons avec le jus de cuisson. Salez et retirez du feu.

La crème de cèpes
Faites suer les échalotes émincées dans une casserole avec 20 g de beurre doux. Puis ajoutez les parures de cèpes et déglacez en recouvrant les cèpes d'eau. Incorporez la crème liquide, salez et laissez chauffer 10 minutes à feu doux. Ajoutez une noisette de beurre, mixez, puis passez au chinois.

Les croûtons
Faites chauffer 30 g de beurre doux dans une poêle. Puis ajoutez le pain de mie coupé en petits dés et faites revenir jusqu'à ce que vous obteniez des croûtons. Retirez du feu, égouttez sur du papier absorbant.

Le dressage
Dans des assiettes creuse, répartissez les cèpes, les lamelles de jambon et les croûtons de pain de mie. Sortez la croûte de persil du congélateur, emporte-piécez-la et disposez-la sur chaque assiette. Placez les assiettes ainsi garnies 5 minutes au congélateur. Versez la crème de cèpes chaude au moment de servir pour faire fondre la croûte.

Florent

CROQUE-MADAME
revisité

Préparation : 1 h – Cuisson : 15 min

Pour 4 personnes

4 grandes tranches
de pain de mie
4 tranches de jambon blanc
artisanal
120 g de comté râpé
12 œufs de caille
1 c. à s. d'huile de tournesol
50 g de beurre
Sel, poivre

Ustensiles
1 rouleau à pâtisserie
1 emporte-pièce

Posez les tranches de pain de mie humidifiées sur un torchon humide. Repliez le torchon sur le pain et abaissez légèrement le pain au rouleau à pâtisserie.
Puis, répartissez le fromage râpé sur les tranches de pain et surmontez-le des tranches de jambon.

Roulez l'ensemble à l'aide du torchon humide. L'idée est d'avoir une sorte de wrap roulé, un croque-monsieur en tube, puis serrez ce boudin dans de l'aluminium beurré.
Dans une poêle très chaude huilée, faites revenir ces boudins d'aluminium de telle sorte que chaque partie cuise environ 3 minutes. Retirez l'aluminium et coupez chaque croque-monsieur en 3 tronçons égaux. Puis, dressez-les verticalement.

Disposez sur chaque partie de croque-monsieur, 1 œuf de caille cuit au plat et coupé à l'emporte-pièce. Salez et poivrez

Jean
Philippe

DOS DE CABILLAUD POCHÉ

au lait de coco et combava, saladine de légumes crus et herbes

Préparation : 1 h – Cuisson : 10 min

Pour 4 personnes

400 g de cabillaud
400 ml de lait de coco
2 feuilles de combava
1 carotte
1 fenouil
1 poireau
5 cl de vin blanc
Vinaigre de riz
1 botte de cerfeuil
1 botte de ciboulette
1 botte de persil plat
1 filet d'huile de sésame
1 noix de beurre
Sel, poivre

Ustensiles
1 mandoline
1 mixeur plongeur

Dans une casserole, portez à ébullition le lait de coco et les feuilles de combava.
Puis pochez 5 minutes le cabillaud coupé en 4 morceaux dans ce mélange.
Réservez le cabillaud au chaud et émulsionnez le lait de coco avec un mixeur plongeur.

Faites une julienne de légumes avec ½ carotte épluchée, ½ fenouil et le blanc du poireau.
Faites-la cuire dans une casserole avec le vin blanc pendant 5 minutes.
Puis égouttez-la et poêlez-la avec une noix de beurre.

Faites une salade avec les restes de légumes. Ajoutez la ciboulette, le cerfeuil et persil plat ciselés. Salez et poivrez. Mélangez et assaisonnez de vinaigre de riz et d'huile de sésame.

Le dressage
Disposez les légumes cuits dans des assiettes creuses Surmontez-les d'un morceau de cabillaud et arrosez de lait de coco émulsionné. Accompagnez de la salade.

Florent

NAVETS, ORANGES

Préparation : 1 h – Cuisson : 35 min

Pour 4 personnes

8 navets nouveaux (ou mini navets)
1 navet long
4 oranges
½ citron vert
200 g de vinaigre de riz
100 g de sucre
10 baies roses
1 branche de badiane
1 c. à c. de safran
20 g de beurre
70 g d'huile d'olive
Sel, poivre

Dans une casserole d'eau bouillante, faites cuire les navets nouveaux pendant 30 minutes. Puis, faites-les revenir dans une poêle avec le beurre et le jus de ½ orange. Salez et poivrez. Réservez.

Dans une autre casserole, portez à ébullition le vinaigre de riz, 1 l d'eau, les baies roses, la badiane, le safran et 50 g de sucre. Salez et poivrez. Dés le début de l'ébullition, ajoutez les quartiers de 1 orange et le navet long épluché et coupé en tranches.

Faites confire les écorces de 1 orange avec 50 g d'eau, 50 g de sucre, le tartare de 1 orange et les parures de navets coupées en cubes d'environ 3 mm. Réservez. Faites réduire le jus de 1 orange jusqu'à ce que vous obteniez la consistance d'un sirop et réalisez une vinaigrette avec l'huile d'olive et le jus du citron vert.

Le dressage
Répartissez les navets dans les assiettes. Arrosez-les de sirop et de vinaigrette, puis saupoudrez d'écorces d'orange confites.

Florent

TARTARE DE MAQUEREAU

et neige de charbon

Préparation : 1 h – Marinade : 40 min

Pour 4 personnes

4 filets de maquereau
4 blancs d'œufs
1 oigon cébette
1 oignon rouge
1 botte de ciboulette
½ citron
4 c. à s. d'huile de tournesol
1 poignée de charbon de bois en braise
Sel, poivre

Réalisez un tartare de maquereau en coupant les filets en petits dés. Mélangez le tartare de maquereau avec le jus du citron et le vert de l'oignon cébette ciselé. Salez et poivrez. Réservez.

Dans une petite casserole, versez l'huile froide et dans une autre petite casserole, les braises de charbon de bois. Couvrez les 2 casseroles sous un même récipient (type cloche) pendant 40 minutes afin de fumer l'huile.

Dans un saladier, montez les blancs en neige avec une pincée de sel et du poivre du moulin. Puis continuez à battre tout en versant délicatement l'huile fumée.

Le dressage

Dressez une quenelle de tartare de maquereau dans chaque assiette et accompagnez-la d'un blanc en neige fumé. Saupoudrez de ciboulette ciselée et terminez par un carpaccio d'oignon rouge.

PLATS

Jean Philippe

CANARD À L'ORANGE
et clémentine, carottes multicolores

Préparation : 2 h – Cuisson : 40 min – Repos : 10 min

Pour 4 personnes

1 canard étouffé
4 carottes de couleurs différentes
2 tomates
2 oranges
2 clémentines
70 g de sucre
50 g de vinaigre de xérès
1,5 l de consommé de canard (1 cube de volaille)
1 bouquet garni (thym, laurier, persil)
1 branche de thym
1 c. à s. de panko
125 g de beurre demi-sel
Sel, poivre

Ustensiles
1 chalumeau
1 sonde thermomètre
1 feuille de boucher
1 mixeur

Le canard
Préchauffez votre four à 50°C. Passez le canard au chalumeau et retirez les restes de plumes avec un couteau. Coupez le coffre du canard à la feuille de boucher et enfournez-le jusqu'à ce que la température arrive à cœur. Puis sortez-le du four et faites-le revenir dans une poêle côté peau. Terminez la cuisson au four à 180°C jusqu'à obtenir 56°C à cœur en l'arrosant régulièrement avec sa graisse. Sortez le canard du four et laissez-le reposer 10 minutes avant de lever les filets. Réservez.

La sauce
Dans une grande casserole, faites chauffer 50 g de sucre et le vinaigre afin de réaliser un caramel. Puis ajoutez les oranges pelées et les tomates coupées en quartiers. Réservez les zestes d'oranges pour la purée à venir. Incorporez les morceaux de carcasse de canard, le consommé et le bouquet garni. Laissez réduire de moitié et passez au chinois étamine. Faites réduire à nouveau de moitié. Puis montez avec 50 g de beurre.

La purée de carottes
Dans une casserole, mettez 2 carottes épluchées et coupées en morceaux. Ajoutez les zestes, 1 branche de thym et 20 g de sucre. Salez, poivrez et recouvrez d'eau. Laissez cuire 25 minutes. Égouttez, retirez les zestes et le thym, puis passez au mixeur en ajoutant 50 g de beurre.
Lavez les 2 carottes restantes et coupez-les dans la longueur à la mandoline. Roulez-les.
Détachez un peu de graisse du canard et poêlez-la jusqu'à coloration. Puis ajoutez le panko, salez, poivrez et faites revenir les sot-l'y-laisse.

Le dressage
Disposez les magrets de canard dans les assiettes. Accompagnez-les de rouleaux de carottes farcis de purée et de chapelure à la graisse de canard. Décorez de quartiers de clémentines pelées à vif et nappez de sauce. Salez et poivrez.

Florent

COPPA ET OIGNONS EN FAMILLE

Préparation : 1 h 40 – Cuisson : 45 min

Pour 4 personnes

5 tranches de coppa
8 pommes de terre rate
2 oignons rouges
2 oignons blancs
12 oignons grelots
2 échalotes
1 poignée de maïs cru
30 g de sucre
400 g de vin rouge
2 c. à s. de farine
1 branche de thym
1 feuille de laurier
100 g de vinaigre de framboise
10 baies roses
10 brins de ciboulette
20 g de beurre
1 filet d'huile de tournesol
Huile de friture
Sel, poivre

Ustensile
1 mandoline

La coppa
Préchauffez votre four à 80°C. Disposez les tranches de coppa sur une plaque recouverte de papier sulfurisé et enfournez 45 minutes.

Les pommes de terre
Pendant ce temps, faites cuire les pommes de terre juste lavées 30 minutes dans une grande casserole d'eau salée, départ à froid. Puis, coupez-les en tronçons et faites-les revenir dans une noisette de beurre avec 1 oignon blanc émincé. Réservez.

Les oignons et échalotes
Dans une casserole, portez à ébullition 200 g de vin rouge, le vinaigre de framboise, les baies roses, le thym, le laurier, 1 oignon rouge émincé et 20 g de sucre. Puis, passez à l'écumoire, enlevez les lamelles d'oignon rouge et réservez le bouillon.
Faites cuire le maïs 2 minutes 30 au four à micro-ondes. Dans une sauteuse, faites réduire avec une pincée de sucre le bouillon et réalisez un caramel. Puis enrobez le pop-corn de caramel. Réservez.
Coupez très finement le 2ème oignon rouge cru à la mandoline. Réservez.
Émincez le 2ème oignon blanc à la mandoline (environ 2 mm d'épaisseur). Farinez, salez et retirez l'excédent de farine. Faites frire dans un bain d'huile à 180°C pendant 3 minutes. L'oignon doit être doré tout en restant croustillant.
Coupez les échalotes épluchées en deux, dans le sens de la longueur. Faites-les revenir dans une poêle avec un filet d'huile de tournesol et une noisette de beurre jusqu'à belle coloration caramélisée. Répétez l'opération pour les oignons grelots épluchés.

La réduction de vin rouge
Dans une grande casserole sur feu doux, laissez réduire jusqu'à consistance sirupeuse le reste de vin rouge et 10 g de sucre.

Le dressage
Dans des assiettes à soupe, répartissez les pommes de terre, les oignons et le pop-corn caramélisé. Disposez ensuite une tranche de coppa séchée et coupez la dernière tranche en paillettes. Saupoudrez de ciboulette ciselée et de paillettes de coppa. Arrosez de réduction de vin rouge.

Fabien

ALLIANCE MAQUEREAU
et artichaut

Préparation : 1 h – Cuisson : 20 min

Pour 2 personnes

2 artichauts
1 maquereau de 400 g
½ oignon blanc
1 carotte
1 citron
1 gousse d'ail
10 cl de vin blanc
6 c. à s. de vinaigre balsamique
Huile d'olive
Sel, poivre

Ustensile
1 cuillère à pomme parisienne

Enlevez les premières feuilles des artichauts et tournez le couteau autour du cœur en retirant le moins de chair.
Épluchez la carotte et taillez 6 petites billes à l'aide d'une cuillère à pomme parisienne.
Faites revenir l'oignon émincé dans de l'huile d'olive. Ajoutez les billes de carotte et l'ail écrasé en chemise. Salez et poivrez.
Ajoutez les artichauts. Déglacez au vin blanc, réduisez et recouvrez d'eau. Laissez cuire 15 minutes.

À l'aide d'une cuillère, retirez le foin des artichauts. Assaisonnez-les d'huile d'olive, du jus du citron et de vinaigre balsamique.

Levez les filets de maquereau en enlevant les arêtes.
Faites-les cuire à la poêle avec de l'huile d'olive, côté peau, pendant 2 minutes.
Sortez-les délicatement même si la chair est encore légèrement crue.

Le dressage
Mélangez les artichauts avec un filet de citron et disposez-les dans l'assiette de manière harmonieuse. Posez le filet de maquereau dessus et assaisonnez-le de vinaigrette. Accompagnez des billes de carotte, de l'oignon et de l'ail.

Yoni

VOLAILLE CONIQUE FARCIE
aux poires et châtaignes, sauce au maïs

Préparation : 1 h – Cuisson : 10 min

Pour 4 personnes

4 blancs de volaille
100 g de châtaignes cuites
1 poire
2 oignons blancs
1 petite boîte de maïs
1 cube de bouillon de volaille
50 cl de crème liquide
1 botte de ciboulette
30 g de beurre
Huile d'olive
Sel, poivre

Ustensiles
1 mixeur

Dans un saladier, coupez en brunoise les châtaignes et la poire épluchée. Réservez 4 châtaignes entières et 1 cuillerée à soupe de brunoise pour la décoration.
Assaisonnez à l'huile d'olive. Farcissez les blancs de volaille de ce mélange et roulez-les en cône dans un film alimentaire. Puis pochez-les dans une casserole d'eau bouillante avec le bouillon de volaille pendant 5 minutes.

Poêlez les oignons émincés avec un filet d'huile d'olive jusqu'à coloration. Réservez.
Poêlez ensuite les cônes de volaille, après avoir retiré le film alimentaire, avec le beurre pendant 3 minutes et posez-les sur papier absorbant. Déglacez la poêle avec la crème liquide et ajoutez le maïs après en avoir réservé quelques grains pour la décoration. Mixez.

Le dressage
Posez un cône de volaille au centre de chaque assiette. Salez et poivrez. Puis recouvrez de la crème au maïs. Décorez avec des grains de maïs, la brunoise de poire et de châtaignes. Disposez les oignons et les châtaignes coupées en deux. Saupoudrez de ciboulette ciselée.

Naoëlle

BAR DE LIGNE EN CARPACCIO,
huîtres pochées et clémentines, nuage iodé

Préparation : 2 h – Cuisson : 40 min – Congélation : 1 h

Pour 4 personnes

2 filets de bar de ligne
4 huîtres
5 clémentines
1 citron vert
100 g de sucre
150 g de mascarpone
10 feuilles de gélatine
1 botte de cerfeuil
1 botte d'aneth
1 botte de persil
3 cl d'huile d'olive
Sel de Guérande
Poivre mignonette

Ustensiles
1 batteur 1 mixeur

Le carpaccio de bar
Coupez les filets de bar en deux dans la longueur et salez-les. Puis répartissez le cerfeuil, l'aneth et le persil ciselés sur 4 feuilles de film alimentaire. Disposez les filets de poisson au centre de chacune et roulez les feuilles de film alimentaire en boudins bien serrés que vous placerez au congélateur au moins 1 heure.

La crème au citron
Pendant ce temps, mélangez dans un bol le mascarpone et le jus du citron vert. Salez, poivrez et réservez.

Les huîtres pochées
Ouvrez et détachez les huîtres. Mettez-les dans un bol avec leur eau et passez-les 10 secondes au four à micro-ondes. Puis parez-les de telle sorte que vous ne gardiez que les bulbes. Filtrez le jus des huîtres en le passant au chinois.

Le nuage iodé
Mélangez dans le bol d'un batteur le jus des huîtres avec un volume équivalent d'eau et ajoutez progressivement les feuilles de gélatines préalablement ramollies dans l'eau froide et essorées. Faites tourner le batteur pendant 15 minutes à vitesse maximum.

Le condiment de clémentines
Dans une grande casserole, versez 100 g d'eau, ajoutez le sucre et 4 clémentines avec leur peau coupées en deux. Laissez confire 30 minutes à feu moyen. Puis mixez l'ensemble et mettez dans une poche à douille.

La vinaigrette
Dans un bol, réalisez une vinaigrette avec 3 cl d'huile d'olive, le jus d'un demi-citron vert, du sel et du poivre.

Le dressage
Répartissez la crème au citron au fond des assiettes. Puis sortez les filets de bar panés aux herbes du congélateur et coupez-les en carpaccio que vous disposerez sur la crème au citron. Arrosez de vinaigrette. Placez un cœur d'huître et une noix de condiment de clémentines au centre des assiettes. Surmontez d'un nuage iodé et parsemez de zestes de clémentine et de citron vert, de sel de Guérande et de poivre mignonette.

Jean
Philippe

CUISSES DE GRENOUILLE POÊLÉES,
condiment à la rosette de Lyon

Préparation : 1 h – Cuisson : 20 min

Pour 4 personnes

16 grandes cuisses de grenouille
32 coques
1 morceau de 100 g de rosette de Lyon
1 échalote
½ poivron rouge
1 dl de vin blanc
2 c. à s. de farine
1 botte de ciboulette
1 noisette de beurre
Vinaigre de xérès
Huile d'olive
Sel, poivre

Désossez les cuisses de grenouille de façon à former des jambonnettes (os d'un côté et chair de l'autre). Farinez-les, assaisonnez-les et poêlez-les avec 1 noisette de beurre environ 3 minutes. Réservez.

Tranchez 4 tranches fines de rosette et poêlez-les pour les faire sécher. Puis coupez-les en fine julienne.

Poêlez l'échalote hachée et le reste de la rosette coupée en dés d'environ 3 mm.

Préchauffez votre four à 200 °C.
Passez le poivron 15 minutes au four afin de pouvoir retirer la peau facilement (ou au four à micro-onde). Taillez la chair du poivron épluché en petits dés et mélangez avec la brunoise rosette/échalote.

Assaisonnez la brunoise avec du vinaigre de xérès et de l'huile d'olive. Salez et poivrez.

Dans une grande poêle, faites cuire les coques bien lavées à l'eau claire avec le vin blanc. Retirez-les dès qu'elles s'ouvrent et stoppez la cuisson en les passant sous l'eau froide. Décortiquez la moitié des coques.

Le dressage
Dans chaque assiette, réalisez un cordon de brunoise. Disposez harmonieusement les cuisses de grenouille par-dessus. Ajoutez la julienne de rosette sèche, 4 coques avec coquille et 4 coques décortiquées. Saupoudrez d'un peu de ciboulette ciselée et décorez de quelques brins de ciboulette entiers.

Fabien

SPAGHETTI
à la poutargue de mon papa

Préparation : 15 min – Cuisson : 15 min

Pour 4 personnes

500 g de spaghetti
1 jambe de poutargue (œufs de mulet salés, séchés et pressés)
1 oignon
10 cl de vin blanc
20 cl de crème liquide
1 pointe de curcuma
1 citron vert ou jaune
1 filet d'huile d'olive
Sel, poivre

Faites cuire les spaghetti dans une casserole d'eau bouillante salée.
Faites revenir l'oignon émincé dans l'huile d'olive. Déglacez au vin blanc et laissez réduire à feu doux. À totale évaporation du vin blanc, ajoutez la crème et portez à ébullition pendant 3 minutes. Puis incorporez le curcuma. Mélangez et poivrez. Salez en râpant de la poutargue.

Mélangez les pâtes cuites à la sauce.
Arrosez d'un filet de jus de citron et saupoudrez d'un peu de zeste de citron.
Servez les pâtes avec quelques fines tranches de poutargue.

Yoni

SOLE POCHÉE,
goujonnettes aux amandes, poireaux confits et pommes au combava

Préparation : 1 h 30 – Cuisson : 20 min

Pour 4 personnes

2 soles
1,5 l de fumet de poisson
15 cl de crème liquide
5 g de baies roses
1 citron jaune
1 citron vert
50 g de beurre
Fleur de sel

Pour la garniture
3 poireaux
1 combava
1 pomme verte
15 cl de crème liquide
150 g de vinaigre de framboise
50 g de sucre
1 filet d'huile d'olive

Pour les goujonnettes
1 jaune d'œuf
20 g d'amandes effilées
Huile de friture

Ustensile
1 friteuse

Les soles
Ôtez la peau et levez les soles. Réservez les restes.
Salez les soles et enroulez-les dans du film alimentaire. Pochez-les dans le fumet bouillant pendant 5 minutes. Retirez les soles, puis laissez réduire le fumet de moitié.
Ajoutez la crème liquide et les baies roses. Passez au chinois étamine et montez au beurre. Réservez.

La garniture
Faites cuire les poireaux lavés dans une casserole d'eau salée, départ à froid, avec un filet d'huile d'olive. Ajoutez le zeste du combava râpé et la crème liquide. Mélangez jusqu'à l'obtention d'une texture fondante.
Coupez la pomme verte lavée en petits dés.
Dans une casserole, portez à ébullition le vinaigre de framboise et le sucre afin de réaliser un caramel à la consistance sirupeuse.

Les goujonnettes
Réalisez des goujonnettes en taillant les restes des soles en fins bâtonnets (5 cm de longueur et 1 cm d'épaisseur). Trempez-les dans le jaune d'œuf, puis dans les amandes effilées et faites-les frire à 170 °C jusqu'à coloration (environ 4 minutes).

Le dressage
Disposez les filets de soles dans les assiettes. Arrosez-les de sauce et surmontez-les de dés de pomme. Présentez les poireaux et les goujonnettes à côté du poisson. Décorez de caramel de vinaigre de framboise et des zestes des citrons vert et jaune.

Naoëlle

CANARD LAQUÉ AU MIEL
de curry, huîtres, pomme-poire

Préparation : 2 h – Cuisson : 45 min – Repos : 10 min

Pour 4 personnes

1 canard au sang (étouffé)
10 huîtres
8 pommes de terre charlotte
1 citron jaune
2 poires jaunes
1 c. à c. de farine
1 échalote
4 gousses d'ail
8 branches de thym
4 c. à s. de miel
2 c. à c. de curry
2 filets d'huile d'arachide
200 g de beurre

Ustensile
1 chalumeau

La sauce
Passez le canard au chalumeau. Puis videz-le et levez les filets. Parez-les, quadrillez-les et réservez-les. Cassez la carcasse du canard en morceaux. Dans une grande sauteuse huilée chaude, colorez les carcasses cassées en morceaux. Ajoutez 120 g de beurre. Dès que le beurre ne mousse plus, incorporez l'échalote épluchée et coupée en quatre, 1 gousse d'ail écrasée et 2 branches de thym. Egouttez les carcasses dans une passoire, puis remettez-les dans la sauteuse avec la farine. Couvrez d'eau à mi-hauteur et faites recuire pendant 45 minutes. Retirez la carcasse et passez la sauce au chinois.

Les huîtres
Ouvrez les huîtres. Ébarbez-les et coupez-les en deux. Conservez 3 bulbes et coupez les 7 autres en deux. Faites chauffer l'eau des huîtres dans une petite casserole. Au moment de servir, portez le jus de canard à ébullition et ajoutez les huîtres coupées en deux.

Les pommes de terre et le miel de curry
Épluchez les pommes de terre et les poires au couteau afin d'obtenir une forme ronde et régulière. Puis coupez-les en rondelles d'environ 6 mm d'épaisseur pour les pommes de terre et 6 mm pour les poires. Dans une poêle, colorez un côté des rondelles de pommes de terre avec un filet d'huile. Ajoutez 1 gousse d'ail, 2 branches de thym, 1 noisette de beurre et laissez confire l'autre côté. Puis incorporez les rondelles de poires et laissez cuire 5 minutes.
Dans une casserole, faites cuire 5 minutes le miel, 2 branches de thym, 1 gousse d'ail hachée et 1 cuillerée à café de curry. Retirez du feu à ébullition et laissez infuser.

Les magrets de canard
Préchauffez votre four à 200°C. Déposez les magrets de canard côté peau sur une poêle très chaude. Dès coloration, retirez-les du feu et enfournez-les 4 minutes sans les retourner. Ajoutez 1 gousse d'ail, 2 branches de thym et le reste de curry. Puis retournez les magrets et arrosez-les avec leur graisse. Enfournez-les 4 minutes avec une noisette de beurre. Sortez les magrets et posez-les sur une grille. Laissez reposer 10 minutes en les retournant.

Le dressage
Coupez et laquez les magrets avec le miel d'épice. Disposez les rondelles de pommes de terre et de poires en alternance autour du magret laqué. Puis décorez d'huîtres et arrosez de sauce.

Jean Philippe

DUO DE THON,
pommes granny et déclinaison de céleri

Préparation : 1 h – Cuisson : 35 min

Pour 4 personnes

600 g de thon Albacor
1 céleri-rave
1 pomme granny
1 citron vert
1 citron jaune
1 jaune d'œuf
1 dl de crème fraîche
1 pincée de curcuma
4 brins de ciboulette
4 brins d'aneth
50 g de beurre
1 pincée de noix de muscade râpée
1 c. à s. de moutarde
1 filet d'huile d'arachide
Huile d'olive
Fleur de sel
Sel, poivre

Ustensiles
1 mandoline
1 blender

Épluchez le céleri.
Coupez-en un quart en fines lamelles à l'aide d'une mandoline et plongez-les dans une casserole d'eau bouillante salée pendant 1 minute. Puis égouttez-les et roulez-les. Réservez.

Poêlez un autre quart du céleri coupé en petits dés avec une noisette de beurre et le curcuma jusqu'à coloration. Réservez.

Taillez le reste du céleri en gros morceaux et faites-le cuire dans une casserole d'eau bouillante salée. Égouttez et passez au blender avec la crème et du beurre. Salez, poivrez et ajoutez une pincée de noix muscade râpée. Réservez.

Taillez 2 gros steaks de thon (environ 250 g chacun). Salez-les, poivrez-les et poêlez-les 1 minute 30 sur chaque face avec un filet d'huile d'arachide. Réservez.

Puis coupez le reste du thon en petits dés façon tartare.
Réalisez une julienne de pomme. Puis arrosez-la du jus du citron jaune afin qu'elle ne s'oxyde pas. Arrosez d'un filet d'huile d'olive et de fleur de sel.

Préparez la sauce en mélangeant le jaune d'œuf, la moutarde, le jus du citron vert.
Montez avec un filet d'huile d'olive.

Le dressage
Dans chaque assiette, disposez la moitié d'un steak de thon décoré de bâtonnets de pomme citronnés, des rouleaux de céleri farcis de purée de céleri, un peu de tartare de thon mélangé aux dés de céleri. Décorez avec l'aneth et la ciboulette.

Yoni

RIS DE VEAU

pourpre aux citrons confits, noisettes et pousses d'épinard

Préparation : 2 h – Cuisson : 1 h – Infusion : 1 h

Pour 4 personnes

Pour les ris de veau
10 ris de veau
15 cl de vinaigre
Huile d'arachide
15 g de beurre

Pour les pousses d'épinard
300 g de jeunes pousses d'épinard
1 échalote
10 cl d'huile d'olive
1 jus de citron
Sel

Pour le jus de veau
500 g de parures de ris de veau (à demander à votre boucher)
4 gousses d'ail
2 échalotes
1 branche de thym
25 g de beurre
10 cl d'huile

Pour la garniture et le glaçage betterave
1 citron confit
1 c. à s. de noisettes concassées
2 betteraves cuites
100 g de beurre

Les ris de veau
La veille, mettez les ris de veau à tremper dans un saladier d'eau froide avec le vinaigre. Renouvelez l'eau régulièrement. Le lendemain, faites-les cuire dans une casserole, départ eau froide. Dès que l'eau bout, comptez 2 minutes et refroidissez-les dans l'eau glacée 10 minutes dans la glace avant de les éplucher. Retirez le nerf central et placez-les dans un torchon. Puis écrasez-les avec des poids afin de les vider de leur eau. Dans une poêle huilée, faites colorer les ris de veau sur toutes les faces pendant 20 minutes. Ajoutez le beurre et laissez-les cuire à nouveau pendant 10 minutes en les arrosant régulièrement de leur jus de cuisson.

Les pousses d'épinard
Préchauffez le gril de votre four à 230°C. Lavez et essorez les jeunes pousses d'épinards équeutées. Mélangez-les avec l'échalote ciselée et arrosez-les d'une vinaigrette à base d'huile d'olive et de jus de citron. Enfournez sous le gril pendant 3 minutes.

Le jus de veau
Faites revenir les parures de ris de veau coupées en morceaux dans une casserole avec l'huile et le beurre. Recouvrez-les des échalotes émincées, de l'ail écrasé et du thym. Laissez confire. Lorsque les échalotes commencent à roussir, retirez du feu et filtrez dans une passoire. Remettez dans la casserole. Mouillez à hauteur avec un fond déshydraté et un peu d'eau. Laissez réduire jusqu'à l'obtention d'un jus sirupeux.

La garniture et le glaçage betterave
Coupez les citrons confits en quatre, retirez le cœur et découpez des lamelles. Ajoutez la garniture et le beurre noisette dans le jus de veau à l'état sirupeux.
Portez 800 ml d'eau à ébullition. Puis faites cuire 10 minutes les betteraves coupées en morceaux. Laissez infuser hors du feu pendant 1 heure. Puis passez au chinois, remettez dans la casserole, faites réduire et montez au beurre.

Le dressage
Répartissez au centre des assiettes les jeunes pousses d'épinard, surmontez-les des ris de veau lustrés au glaçage betterave. Versez le jus de veau garniture autour de l'assiette. Disposez les pousses de betterave sur le ris de veau, puis saupoudrez de noisettes concassées torréfiées à sec.

Florent

CANNELLONI DE CHOU-RAVE,
crabe de la mer du Nord et calamar

Préparation : 30 min – Cuisson : 10 min

Pour 4 personnes

2 choux-raves de 200
à 250 g chacun
4 gros calamars
200 g de chair de crabe
1 échalote
50 g de beurre
1 c. à s. d'huile de tournesol
10 brins de ciboulette
Sel, poivre

Ustensiles
1 mandoline
1 mixeur

Coupez à la mandoline les choux épluchés en tranches d'environ 1,5 mm d'épaisseur. Faites-les cuire dans une casserole d'eau froide salée et poivrée. Ajoutez le beurre et portez à ébullition 1 minute. Égouttez et mixez le jus de cuisson en l'émulsionnant.
Dans une poêle très chaude, faites revenir les calamars quadrillés avec l'huile de tournesol environ 1 minute 30 de chaque côté. Salez et poivrez.
Dans un saladier, mélangez la chair de crabe, l'échalote émincée et la ciboulette ciselée. Salez et poivrez. Puis répartissez la chair de crabe assaisonnée sur les tranches de chou-rave et roulez-les en cannelloni.

Le dressage
Disposez les cannelloni sur les assiettes, arrosez de jus de cuisson émulsionné et surmontez d'un calamar.

Fabien

DAMIER DE COURGETTES CITRON
coriandre et suprême de pintade rôtie

Préparation : 1 h 30 min – Cuisson : 20 min – Marinade : 1 h

Pour 4 personnes

4 suprêmes de pintade
2 courgettes
1 courgette jaune
1 citron
1 oignon
4 gousses d'ail
5 cl de pastis
50 cl d'huile d'olive
Vinaigre balsamique
1 bouquet de coriandre
Sel, poivre

Ustensile
1 mandoline

Préchauffez votre four à 160 °C.
Laissez mariner les suprêmes de pintade pendant 1 heure, sans les couvrir, dans de l'huile d'olive, le jus du citron, 3 gousses d'ail écrasées, du sel, du poivre et quelques feuilles de coriandre.
Puis faites cuire côté peau les suprêmes jusqu'à coloration et flambez-les au pastis.
Enfournez-les 8 minutes pour terminer la cuisson.

Avec la mandoline, taillez 16 tagliatelles dans les courgettes avec leur peau. Réservez.
Émincez finement le reste en julienne. Faites-les revenir avec l'oignon émincé dans un fond d'huile d'olive, 1 gousse d'ail écrasée au couteau, le zeste du citron râpé et quelques feuilles de coriandre hachées pendant 7 minutes.
Intercalez 4 lamelles de courgette l'une sur l'autre comme un damier. Placez la farce de courgette au centre et repliez-les. Procédez de même pour les 3 autres damiers.

Le dressage
Servez le damier de courgette et le suprême de volaille. Décorez avec des tagliatelles de courgette jaune et quelques gouttes de vinaigre balsamique.

Yoni

GAMBAS À LA MANGUE
rôtie et au fruit de la passion

Préparation : 45 min – Cuisson : 45 min

Pour 4 personnes

12 gambas
1 mangue
1 gousse de vanille
1 fruit de la passion
80 g de concentré de tomates
2 échalotes
1 vert d'oignon nouveau
1 daïkon
1 citron jaune
200 ml de crème liquide
Huile d'olive

Ustensiles
1 mandoline
1 mixeur

Décortiquez les gambas et réservez les carapaces. Ôtez les boyaux.
Réalisez une bisque en poêlant les carapaces dans un filet d'huile d'olive. Ajoutez le concentré de tomates et les échalotes concassées grossièrement. Recouvrez d'eau. Laissez mijoter à feu doux pendant 30 minutes. Mixez la bisque, passez-la au chinois, puis ajoutez la crème et faites cuire à nouveau 10 minutes.

Faites revenir la mangue épluchée et coupée en gros cubes dans un filet d'huile d'olive. Déglacez avec le jus du fruit de la passion. Ajoutez la gousse de vanille ouverte en deux et grattée. Hors du feu, laissez infuser jusqu'à refroidissement total.
Coupez à la mandoline de fines lamelles de daïkon.

Poêlez rapidement les gambas avec un filet d'huile d'olive. Dès qu'elles prennent une jolie couleur rose, retirez-les du feu et parsemez-les de zeste de citron râpé.

Le dressage
Dans une assiette creuse, versez un peu de bisque de gambas, disposez 3 gambas. Ajoutez les dés de mangue rôtis et surmontés d'une lamelle de daïkon. Décorez de graines de fruit de la passion et de vert d'oignon finement émincé.

Fabien

LA POMME DE TERRE
sous toutes ses coutures

Préparation : 1 h – Cuisson : 1 h – Infusion : 15 min – Repos : 15 min

Pour 4 personnes

8 pommes de terre Agata
8 pommes de terre Grenaille
8 pommes de terre Vitelotte
100 g de viande hachée (porc, bœuf et veau)
2 gousses d'ail
1 pincée de poudre de noix de muscade
100 g de beurre doux
20 cl de crème
Huile d'olive
Huile de friture
Fleur de sel
Sel, poivre

Ustensiles
1 mandoline
1 cuillère à pomme parisienne

Les pommes de terre fondantes
Taillez 8 cubes de forme régulière dans 4 pommes de terre Agata épluchées. Placez-les dans une casserole et recouvrez-les d'eau. Ajoutez 50 g de beurre coupé en morceaux. Salez et poivrez. Faites-les cuire à feu vif jusqu'à évaporation. Retirez la casserole du feu lorsque le beurre est arrivé à coloration noisette. Puis couvrez immédiatement pendant 15 minutes.

Les pommes de terre farcies aux trois viandes
Préchauffez votre four à 180 °C. Coupez les extrémités des pommes de terre Grenaille et faites un trou à l'une des extrémités avec une cuillère à pomme parisienne. Faites-les cuire dans une casserole d'eau, puis égouttez-les. Assaisonnez-les de fleur de sel et de poivre. Farcissez les pommes de terre de viande hachée et enfournez-les 5 minutes.

Les chips de Vitelotte
Taillez très finement à la mandoline 4 pommes de terre Vitelotte épluchées. Rincez-les plusieurs fois à l'eau claire, puis séchez-les bien. Faites-les frire dans une huile à 160 °C.
Mélangez jusqu'à disparition des petites bulles de frémissement, tout en veillant à ce qu'elles conservent leur couleur. Déposez-les ensuite sur du papier absorbant. Salez et poivrez.

Le gratin dauphinois
Taillez finement à la mandoline 4 pommes de terre Agata épluchées. Beurrez le fond d'un plat à gratin et disposez les lamelles. Salez et poivrez toutes les trois couches.
Portez à ébullition la crème, ajoutez les gousses d'ail en chemise, la poudre de noix de muscade. Salez et poivrez. Retirez du feu à ébullition et laissez infuser 15 minutes, puis versez la crème sur les pommes de terre. Enfournez à 180 °C pendant 35 minutes. Si vous souhaitez les « emporte-piécer », laissez-les une nuit au réfrigérateur.

Les Vitelotte cuites vapeur
Faites cuire 4 pommes de terres Vitelotte sans les éplucher dans une casserole d'eau salée. Lorsqu'elles sont cuites, épluchez-les et assaisonnez-les avec un peu d'huile d'olive, du sel et du poivre.

Yoni

SAINT-JACQUES RÔTIES,
beurre d'orange émulsionné et wakamé

Préparation : 30 min – Cuisson : 10 min

Pour 4 personnes

Pour le beurre d'orange
4 oranges
15 cl de crème
80 g de beurre
10 cl de lait

Pour les Saint-Jacques
12 noix de Saint-Jacques
1 clémentine
50 g d'algues wakamé
1 pincée de poudre de curry
1 filet d'huile
30 g de beurre
Quelques pousses de cresson
Sel

Ustensile
1 mixeur plongeur

Le beurre d'orange
Dans une casserole, faites réduire le jus des oranges de moitié. Puis ajoutez la crème et le beurre. Émulsionnez avec le mixeur plongeur.
Prélevez une cuillerée à soupe de beurre d'orange, ajoutez le lait et émulsionnez à nouveau.

Les Saint-Jacques
Poêlez les Saint-Jacques à l'huile, 30 secondes de chaque côté. Juste avant de les retourner, ajoutez le beurre. Retirez-les de la poêle et déposez-les sur du papier absorbant. Puis déglacez la poêle avec le jus de la clémentine.

Le dressage
Dans une assiette creuse, versez le beurre d'orange. Déposez 3 Saint-Jacques et recouvrez-les de pousses de cresson ciselées. Saupoudrez de poudre de curry, d'algues wakamé ciselées et de zeste de clémentine râpé.

Naoëlle

SUPRÊME DE POULARDE
infusé à la verveine

Préparation : 1 h 15 – Cuisson : 45 min – Infusion : 10 min

Pour 4 personnes

2 poulardes de Bresse
4 tranches de jambon de Parme
1 chou-fleur
5 cl de crème liquide
1 échalote
2 gousses d'ail
3 feuilles de laurier
1 branche de thym
5 g de verveine fraiche
50 cl d'huile d'arachide
150 g de beurre
Sel, poivre

Ustensiles
1 mandoline
1 blender

L'infusion à la verveine
Levez et réservez les suprêmes de poularde. Puis cassez en morceaux les ailerons, les cuisses et les os. Dans une sauteuse, colorez les carcasses de poularde concassées avec 5 cl d'huile. À coloration, retirez les carcasses et ajoutez 100 g de beurre.
Quand le beurre commence à mousser, incorporez l'échalote émincée, 1 gousse d'ail hachée, le thym et 10 feuilles de verveine. Mélangez et laissez chauffer 20 minutes. Puis passez le jus au chinois avant de le remettre dans la sauteuse. Ajoutez la farine et les carcasses. Recouvrez d'eau et laissez réduire de trois-quarts à feu doux.
Puis retirez du feu, ajoutez la verveine et laissez infuser 10 minutes. Jetez les carcasses et passez la sauce au chinois. Salez, poivrez et réservez.

Le chou
Détachez les bouquets du chou-fleur lavé et coupez-les à la mandoline en tranches d'environ 5 mm d'épaisseur. Dans une poêle, colorez un côté des belles tranches de chou dans 10 cl d'huile. Puis retournez-les et ajoutez une noisette de beurre et le laurier. Retirez du feu à coloration et réservez. Faites cuire les parures de chou 15 minutes dans une grande casserole d'eau bouillante salée. Puis égouttez-les et mixez-les avec la crème liquide, 10 g de beurre, du sel et du poivre pour en faire une purée homogène.

Les suprêmes de poularde
Placez les suprêmes de poularde dans une poêle côté peau et faites-les revenir 4 minutes. Ajoutez une noisette de beurre et retournez-les. Laissez confire à feu doux. Puis, incorporez la verveine et la gousse d'ail hachée tout en arrosant les suprêmes de leur jus de cuisson. À la fin de la cuisson, ajoutez les tranches de jambon de Parme.

Le dressage
Disposez les tranches de chou colorées au fond des assiettes. Surmontez-les des suprêmes que vous aurez fendus en deux pour y glisser le jambon. Salez et poivrez. Entourez d'une larme de purée de chou-fleur et décorez avec des feuilles de verveine. Servez la sauce à part, en saucière de préférence.

Fabien

NOUGATINE DE PAIN AUX OLIVES,
dorade et purée de panais aux quatre-épices

Préparation : 1 h – Cuisson : 30 min

Pour 4 personnes

Pour la dorade
1 dorade de 1,5 kg
1 filet d'huile d'olive
1 noix de beurre

Pour la purée de panais
2 panais - 3 œufs
20 cl de crème liquide
1 pincée de sucre
1 bouquet d'aneth
1 pincée de piment d'Espelette
2 c. à s. de quatre-épices
1 c. à c. de moutarde
60 g de beurre
1 filet d'huile d'olive
Sel, poivre

Pour la nougatine de pain
3 tranches de pain de campagne aux olives
100 g de sucre

Pour le dressage
1 mini-courgette - Huile d'olive
Vinaigre balsamique

Ustensiles
1 cuillère à pomme parisienne
1 blender

La dorade

Levez les filets de dorade. Coupez-les en rectangles et faites-les revenir avec l'huile d'olive et le beurre, 2 minutes à feu vif côté peau et 1 minute côté chair. Retirez du feu et laissez tiédir 10 minutes. Réservez.

La purée de panais

Réalisez des billes avec la cuillère à pomme parisienne dans les panais épluchés. Faites-les cuire pendant 10 minutes dans une poêle avec 4 c. à s. d'eau et une noix de beurre. Réservez.
Plongez les parures de panais dans une casserole d'eau avec 1 pincée de sucre, 1 pincée de sel et 1 pincée de piment d'Espelette. Laissez cuire 8 minutes.
Puis mixez-les avec la crème liquide, 5 c. à s. d'huile d'olive, 50 g de beurre et la poudre de quatre-épices. Salez et poivrez.
Faites cuire les œufs 5 minutes dans une casserole d'eau bouillante. Écalez-les et mixez-les au blender avec 1 filet d'huile d'olive, l'aneth et la moutarde. Mélangez cette sauce à la purée de parures de panais.

La nougatine de pain aux olives

Préchauffez votre four à 180°C.
Enfournez le pain coupé en petits cubes pendant 10 minutes.
Pendant ce temps, réalisez un caramel avec le sucre et 5 cl d'eau. Versez-les sur les croûtons de pain chauds, puis décollez-les à la spatule et concassez-les.

Le dressage

Disposez une virgule de purée de panais aux épices dans chaque assiette, au bout de la virgule déposez la nougatine de pain. Disposez le poisson par-dessus et les billes de panais.
Pour compléter le plat, faites une petite salade avec la mini-courgette épluchée et coupée en rondelles. Assaisonnez-la avec de l'huile d'olive, du vinaigre balsamique, du sel et du poivre.

Yoni

CERVELLE AUX CHAMPIGNONS
et sauce au shiitake cacao

Préparation : 1 h 30 – Cuisson : 40 min – Repos : 1 nuit

Pour 4 personnes

2 cervelles de veau
200 g de crosnes
1 clémentine
200 g de cèpes
50 g de chocolat noir 70%
200 g de shiitakes
50 cl de crème liquide
20 cl de vinaigre blanc
30 g de beurre
Huile d'olive
2 poignées de gros sel
Sel

Ustensile
1 mixeur plongeur

Faites dégorger 1 nuit les cervelles dans un saladier d'eau glacée avec le vinaigre blanc. Puis faites-les blanchir dans une casserole d'eau bouillante salée pendant 10 minutes. Refroidissez-les à l'eau froide et réservez-les.

Lavez les crosnes avec du gros sel et de l'eau. Poêlez-les avec 10 g de beurre jusqu'à ce qu'ils soient fondants pendant 3 à 4 minutes.

Dans une autre poêle, faites revenir les cèpes nettoyés et coupés en deux avec un filet d'huile d'olive.
Faites de même avec les shiitakes coupés en brunoise. À coloration, déglacez avec le jus de la clémentine. Ajoutez la crème liquide et laissez cuire 10 minutes. Puis mixez-les en incorporant le chocolat fondu. Passez au chinois étamine.

Poêlez les cervelles épluchées avec le reste du beurre 5 minutes de chaque côté. Puis retirez-les du feu et nappez-les de sauce au chocolat.

Le dressage
Disposez les crosnes et les cèpes dans les assiettes. Accompagnez-les d'une demi-cervelle. Arrosez l'ensemble de sauce au chocolat. Une salade de roquette se marie très bien avec ce plat.

DESSERTS

Naoëlle

CRÊPES FAÇON SUZETTE

Préparation : 45 min – Cuisson : 30 min

Pour 4 personnes

4 clémentines
1 mini-fenouil
150 g de farine
250 g de sucre en poudre
3 œufs
1/2 l de lait
60 g de beurre
1 gousse de vanille
2 c. à s. de Grand Marnier®

Ustensiles
1 blender
1 poêle à crêpes

La pâte à crêpes
Dans un saladier, mélangez les œufs, la farine, 50 g de sucre en poudre, le lait et 40 g de beurre fondu. Faites les crêpes en beurrant la poêle à chaque nouvelle crêpe. Réservez.

La pâte à tartiner de clémentines
Dans une grande casserole, faites chauffer à couvert pendant 15 minutes 200 g d'eau, 150 g de sucre, 3 clémentines épluchées et finement émincées, le Grand Marnier® et 1/2 gousse de vanille coupée dans la longueur. Retirez du feu et mixez avec le reste de beurre jusqu'à ce que vous obteniez la texture d'une pâte à tartiner.

Le sirop infusé au fenouil
Faites chauffer dans une casserole 50 g d'eau, le reste de sucre, 1/2 gousse de vanille, le mini-fenouil finement émincé et le zeste de la dernière clémentine. Mélangez et retirez du feu quand vous obtenez une consistance sirupeuse.

Le dressage
Étalez la pâte à tartiner de clémentines sur les crêpes, puis roulez-les et coupez-les en 5 tronçons. Disposez les rouleaux de crêpes à la verticale dans des coupes et arrosez-les généreusement de sirop.

Florent

GANACHE CHOCO-FOIN,
meringue à la betterave et framboises

Préparation : 40 min – Cuisson : 3 h – Infusion : 1 h

Pour 4 personnes

300 g de chocolat noir
1 betterave rouge de 250 g
ou 150 g de jus de betterave
200 g de framboises
80 g de foin
3 blancs d'œufs
600 g de crème liquide
120 g de sucre cristallisé
1 branche d'estragon

Ustensile
1 centrifugeuse

La ganache de chocolat
Dans une casserole, portez la crème liquide à ébullition. Puis ajoutez le foin, couvrez et laissez infuser 1 heure.
Passez au chinois et versez en 3 fois sur le chocolat noir en morceaux afin de faire une ganache. Mélangez et réservez.

La meringue à la betterave
Préchauffez votre four à 75°C.
Passez la betterave à la centrifugeuse. Puis, dans une casserole à feu doux, faites réduire le jus de betterave avec le sucre jusqu'à l'obtention d'un caramel.
Dans un saladier, montez les blancs en neige et serrez-les avec le caramel de betterave.
Étalez finement la préparation sur une plaque recouverte de papier sulfurisé et enfournez 3 heures.

Le dressage
Dans des assiettes creuses, répartissez la ganache choco-foin, surmontez-la de morceaux de meringue à la betterave et enfin de framboises rapidement rincées. Décorez de quelques pluches d'estragon.

Naoëlle

ÎLE FLOTTANTE,
patate douce au barbecue

Préparation : 45 min – Cuisson : 45 min

Pour 4 personnes

5 blancs d'œufs
2 patates douces
130 g de sucre en poudre
50 g d'amandes effilées
200 g de crème liquide
20 g de beurre doux
20 g de beurre demi-sel
Sel

Les blancs en neige
Montez les blancs en neige dans un saladier avec une pincée de sel et 30 g de sucre. Étalez une feuille de papier alimentaire dans un cul de poule et disposez 2 cuillerées à soupe de blancs en neige. Refermez comme une bourse avec un nœud. Répétez cette opération trois fois. Puis, dans une casserole d'eau bouillante, pochez les blancs en neige 3 minutes environ de chaque côté.

Le caramel au beurre salé
Dans une casserole, faites chauffer 80 g de sucre avec 3 cuillerées à soupe d'eau afin d'obtenir un caramel. Puis ajoutez le beurre demi-sel fondu. Déglacez à la crème liquide. Torréfiez les amandes effilées au four.

Les patates douces
Préparez votre barbecue. Coupez les patates douces épluchées en dés d'environ 2 cm. Placez les dés de patates douces dans une feuille de papier aluminium avec une noisette de beurre. Saupoudrez de sucre et laissez cuire sur la grille du barbecue 20 minutes.

Le dressage
Répartissez les dés de patates douces dans les assiettes et surmontez-les de blancs en neige. Arrosez de caramel au beurre salé et aux amandes.

Fabien

CANNELLONI DE MANGUE
à la mousse de fromage blanc et citron vert

Préparation : 1 h 30 – Cuisson : 15 min

Pour 4 personnes

Pour le biscuit pistache
125 g de poudre de pistache
125 g de beurre
125 g de sucre
2 œufs entiers
25 g de farine

Pour les cannellonis
2 mangues
200 g de fromage blanc
200 g de crème liquide à 35%
100 g de sucre
4 feuilles de gélatine
1 citron vert

Ustensiles
1 mandoline
1 poche à douille

Le biscuit pistache
Préchauffez le four à 180 °C.
Dans un saladier, mélangez la farine, les œufs, le sucre, le beurre fondu et la poudre de pistache. Versez dans un moule beurré. Enfournez pour 15 minutes. Laissez refroidir puis coupez en 4 bandes de 2,5 cm de largeur et 8 cm de longueur. Réservez.

Les cannellonis de mangue
Coupez à la mandoline les mangues épluchées en tranches très fines. Réservez.
Faites ramollir les feuilles de gélatine dans un bol d'eau froide. Essorez-les et mettez-les dans 50 g de crème. Laissez reposer.
Dans un saladier, mélangez le fromage blanc, le sucre et le zeste de citron vert râpé. Puis, incorporez la gélatine et remuez énergiquement. Ajoutez le reste de crème montée en chantilly. Mélangez et versez dans une poche à douille.
Disposez les lamelles de mangue sur 4 bandes de film alimentaire de 2 cm de largeur et 8 cm de longueur (environ 3 tranches par bande en les faisant se chevaucher).
Avec la poche à douille, répartissez la mousse de fromage blanc sur la mangue. Refermez les bandes de mangue garnies comme des boudins en faisant attention à ce que le film ne rentre pas à l'intérieur du boudin. Réservez au frais.

Le dressage
Disposez sur chaque assiette, une bande de biscuit surmontée d'un cannelloni de mangue. Vous pouvez également détailler en cubes le reste des mangues et les faire revenir dans 50 g de sucre et 50 g de beurre. Parsemez les assiettes de mangue caramélisée légèrement concassée.

Jean Philippe

CLUB SANDWICH SUCRÉ

Préparation : 1 h – Cuisson : 15 min – Réfrigération : 40 min

Pour 4 personnes

6 tranches de pain de mie
1 kiwi
1 tomate
250 g de chocolat blanc
800 g de jus de pamplemousse
800 g de lait de coco
1 l de crème liquide
6 œufs
200 g de blancs d'œufs
100 g de cassonade
16 g d'agar-agar
Quelques goutes de colorant jaune
1 c. à s. de sucre en poudre
1 noisette de beurre

Ustensiles
1 thermomètre à sucre
1 mixeur plongeur
1 emporte-pièce

Dans une casserole, portez à ébullition à plus de 80°C le jus de pamplemousse et 8 g d'agar-agar. Puis versez le mélange sur une plaque ou un plateau et placez au réfrigérateur environ 20 minutes, jusqu'à solidification.

Dans une autre casserole, portez à ébullition à plus de 80°C le lait de coco, 8 g d'agar-agar et quelques gouttes de colorant jaune. Puis, de la même façon que pour le jus de pamplemousse, versez sur une plaque et placez au réfrigérateur environ 20 minutes.

Dans un saladier, mélangez la crème liquide, les œufs entiers et la cassonade.
Trempez les tranches de pain de mie dans la préparation, puis poêlez-les dans une noisette de beurre. Enlevez les croûtes des tranches de pain de mie et réservez.

Mixez le chocolat blanc fondu avec les blancs d'œufs.

Caramélisez la tomate coupée en fines tranches dans une poêle avec le sucre.
Épluchez le kiwi et coupez-le en fines tranches.

Le dressage
Réalisez des sandwichs avec les tranches de pain en alternant pain, carrés de gelée de coco, carrés de gelée de pamplemousse, tranches de tomates, tranches de kiwi épluché et mayonnaise de chocolat blanc. Coupez en triangle et présentez avec une pique.
Pour brouiller les pistes, vous pouvez réaliser des trous de gruyère dans les carrés de gelée avec un emporte-pièce.

Yoni

CARAMEL AU BEURRE DE POMME,
pâte de clémentine et émietté de tuile

Préparation : 45 min – Cuisson : 30 min

Pour 3 personnes

200 g d'épluchures de pommes (7 pommes)
200 g d'épluchures de clémentines (7 clémentines)
500 g de sucre
200 g de beurre

Pour les tuiles
100 g de beurre
100 g de sucre
100 g de farine de châtaignes

Ustensiles
1 mixeur
1 pipette

Préchauffez votre four à 180°C.
Dans une casserole d'eau froide, placez les épluchures de pommes. Portez à ébullition et laissez réduire à un cinquième. Puis, mélangez avec 200 g de sucre jusqu'à ce que vous obteniez un caramel. Montez enfin avec 100 g de beurre.

Dans une autre casserole, recouvrez d'eau les épluchures de clémentines, ajoutez 300 g de sucre et laissez cuire 20 minutes. Mixez et montez avec 100 g de beurre. Passez au chinois étamine.

Réalisez les tuiles en fouettant le beurre fondu, le sucre et la farine de châtaignes. Disposez sur une plaque recouverte de papier sulfurisé et enfournez jusqu'à coloration à 180°C, pendant 3 à 4 minutes.

Le dressage
Répartissez dans chaque assiette la pâte de clémentine et le caramel de pomme en pipette. Puis saupoudrez de miettes de tuile.

Fabien

ENTREMET CHOCO
banane et caramel beurre salé

Préparation : 2 h – Cuisson : 45 min – Réfrigération : 3 h 15

Pour 6 personnes

Pour le biscuit amande
125 g de poudre d'amandes
125 g de sucre
125 g de beurre
25 g de farine
2 c. à s. de liqueur de fruits de la passion

Pour la mousse au chocolat
300 g de pastilles de chocolat à 75 %
180 g de sucre
3 feuilles de gélatine
90 g de blancs d'œuf
10 cl de crème liquide
500 g de crème fraîche

Pour le caramel au beurre salé
150 g de sucre
1 banane
40 g de beurre salé
10 cl de crème liquide
3 feuilles de gélatine

Pour les tuiles de Carambar®
10 Carambar® caramel

Ustensiles
1 thermomètre à sucre
1 poche à douille
1 chalumeau

Le biscuit amande
Préchauffez votre four à 180°C. Dans un saladier, mélangez la poudre d'amandes, le sucre, le beurre fondu et la farine. Versez le mélange à plat sur une plaque recouverte de papier sulfurisé. Enfournez 12 minutes, puis laissez refroidir. Versez la liqueur de fruits de la passion. Réservez.

La mousse au chocolat
Réalisez une meringue italienne en commençant par faire cuire le sucre avec 90 g d'eau à 120°C (vérifier la température à l'aide d'un thermomètre à sucre). Pendant ce temps, montez les blancs en neige au batteur. Lorsque le sucre est à température et que les blancs sont montés, continuez de fouetter tout en ajoutant le sirop dans les blancs. Réservez.
Puis réalisez une ganache en faisant chauffer la crème liquide dans une casserole. Ajoutez les feuilles de gélatine ramollies dans un bol d'eau froide et essorées. Versez le tout sur les pastilles de chocolat. Mélangez. Lorsque la ganache est prête, ajoutez la meringue italienne, puis incorporez délicatement la crème fraîche montée en chantilly. Versez dans une poche à douille et réservez au frais.

Le caramel au beurre salé
Mettez le sucre dans une grande casserole, départ à froid, avec quelques gouttes d'eau. Réalisez un caramel brun foncé. Puis déglacez avec le beurre salé et ajoutez la crème liquide froide pour stopper la cuisson. Plongez-y la banane coupée en dés et les feuilles de gélatine ramollies dans un bol d'eau et essorées.

Les tuiles de Carambar®
Faites fondre les Carambar® à 180 °C pendant 6 minutes sur du papier sulfurisé.

Le dressage
Placez au fond d'un moule à fond perdu d'environ 18 cm de longueur le biscuit amande. Recouvrez-le d'une couche de caramel beurre salé à la banane. Placez 15 minutes au réfrigérateur. Ajoutez la mousse au chocolat jusqu'en haut et lissez à la spatule. Réservez 3 heures au moins au réfrigérateur. Chauffez le cercle avec un chalumeau et retirez-le délicatement. Surmontez chaque part de tuiles de Carambar®. Décorez les bords à votre guise avec des bananes, des copeaux de chocolat, des morceaux de caramel ou des billes de sucre.

Florent

POMME, YAOURT,
caramel, coing

Préparation : 30 min – Cuisson : 30 min

Pour 4 personnes

3 grosses pommes boscop
1 pomme jaune et rouge jonagold
1 c. à c. de gelée de coing
150 g de pâte brisée
2 yaourts nature
1 c. à s. de sucre
2 c. à c. de caramel au beurre salé

Ustensiles
1 mixeur
1 mandoline

Préchauffez votre four à 160°C.
Sur une plaque recouverte de papier sulfurisé, étalez la pâte brisée et enfournez 20 minutes. Sortez-la du four et émiettez-la.
Puis, dans une grande casserole, faites compoter les pommes boscop épluchées et coupées en quartiers avec le sucre pendant 10 minutes. Retirez du feu et écrasez grossièrement les pommes, de telle sorte qu'il reste quelques morceaux. Réservez.
Mixez les yaourts avec le caramel au beurre salé.
Tranchez finement les pommes jonagold avec la mandoline.

Le dressage
Disposez les brisures de pâte de feuilletée dans des assiettes creuses. Surmontez la pâte de quenelles de compote de pomme, arrosez de yaourt au caramel et décorez de quelques touches de gelée de coing.

Fabien

PASTIS-CAHUÈTES

Préparation : 30 min – Cuisson : 20 min – Réfrigération : 3 h

Pour 6 personnes

Pour le brownie
140 g de chocolat 50%
250 g de beurre
100 g de farine
4 œufs
300 g de sucre en poudre
200 g de cacahuètes ou noix de pécan ou amandes
40 g de poudre d'amandes

Pour la guimauve
180 g de sucre
90 g de blancs d'œufs
1 c. à s. de pastis
4 feuilles de gélatine
1 pointe de colorant jaune ou de curcuma
1 c. à s. de Maïzena®
Quelques cacahuètes entières avec l'écorce

Ustensiles
1 emporte-pièce
1 moule rectangulaire et souple (Flexipan®)
6 pics à brochette

Le brownie
Préchauffez votre four à 230°C.
Faites fondre le beurre avec le chocolat au four à micro-ondes. Dans un saladier, battez les œufs avec le sucre, la farine, les cacahuètes et la poudre d'amandes. Ajoutez le chocolat fondu et mélangez. Enfournez 10 minutes. Réservez au réfrigérateur pendant 3 heures. Puis, « emporte-piècez » à votre guise.

La guimauve
Dans une casserole, faites chauffer le sucre avec 90 g d'eau. Portez le mélange à 120 °C (vérifier la température à l'aide d'un thermomètre à sucre). Puis ajoutez les feuilles de gélatine ramollies et essorées. Veillez à conserver la température à 120°C.
Dans un saladier, montez les blancs en neige relativement ferme. Puis, tout en continuant à battre les blancs, versez sur le sirop, jusqu'à ce que le mélange tiédisse. Ajoutez ensuite le pastis et une pointe de colorant jaune ou de curcuma.
Saupoudrez le fond d'un moule rectangulaire et souple (Flexipan®) de Maïzena® et versez la guimauve. Réservez au réfrigérateur pendant 2 heures. Puis, « emporte-piècez » à votre guise.

Le dressage
Réalisez des brochettes avec des morceaux de guimauve et de brownie. Servez avec un verre de pastis et disposez des cacahuètes entières au pied de chaque verre.

Jean Philippe

DÉCLINAISON DE FRUITS,

gelée de vin rouge aux pignons de pin, crumble breton, tuile

Préparation : 45 min – Cuisson : 30 min – Réfrigération : 5 min

Pour 4 personnes

Pour la gelée
4 dl de vin rouge
80 g de sucre en poudre
2 tours de moulin à poivre
4 g d'agar-agar
1 poignée de pignons de pin torréfiés

Pour les fruits et le sirop
2 grosses poires vertes
1 clémentine
1 citron jaune
110 g de sucre en poudre
30 g de beurre salé

Pour le crumble
8 palets bretons
30 g de beurre salé

Pour la tuile
50 g de farine
50 g de blancs d'œufs
50 g de sucre glace
50 g de beurre ramolli

Ustensiles
1 cuillère à pomme parisienne
Emporte-pièces ronds de différents diamètres

La gelée
Dans une grande casserole, portez à ébullition le vin rouge, le sucre, le poivre et l'agar-agar. Puis versez sur une plaque. Ajoutez les pignons de pin écrasés. Réservez au frais pour gélifier pendant 5 minutes environ.

Les fruits et le sirop
Faites 16 boules à l'aide d'une cuillère à pomme parisienne dans chaque poire épluchée. Poêlez-en 8 avec le beurre salé et 10 g sucre. Elles doivent être caramélisées. Citronnez les 8 autres.
Dans une casserole, faites un sirop en portant à ébullition 100 g de sucre et 200 g d'eau. Pochez la moitié des quartiers de clémentine pelés à vif dans le sirop. Citronnez les autres quartiers de clémentine.

Le crumble
Préchauffez votre four à 180°C. Mélangez les palets bretons écrasés avec le beurre salé. Étalez sur une feuille de silicone et enfournez 10 minutes.

La tuile
Préchauffez votre four à 180°C. Dans un saladier, mélangez la farine, le sucre, le beurre ramolli et les blancs d'œufs. Versez des cercles d'environ 4 cm de la préparation sur une feuille de silicone. Enfournez 4 minutes, puis sortez du four et laissez refroidir.

Le dressage
Dans chaque assiette, alternez les fruits crus et cuits avec des ronds de gelée de différents diamètres. Parsemez de crumble breton et disposez les tuiles.

Jean Philippe

POIRE WILLIAMS EN TARTARE,
rôtie et pochée sous papier de sucre

Préparation : 1 h 30 – Cuisson : 45 min

Pour 4 personnes

4 poires williams
1 orange
1 feuille de combava
200 g de sucre en poudre
300 g de sucre isomalt
60 g de beurre
1 morceau de 2 cm de gingembre
5 cl d'eau-de-vie de poire williams
2 gouttes d'huile essentielle de bergamote

Ustensiles
1 thermomètre à sucre
2 emporte-pièces rond de diamètres différents
1 emporte-pièce en inox pour la bulle de sucre

Les poires
Coupez les poires épluchées en deux dans la largeur. Taillez à l'emporte-pièce la partie inférieure et sur-taillez avec un emporte-pièce plus petit pour enlever le trognon. Coupez en petits dés les chutes du premier emporte-pièce.
Mélangez-les au combava haché finement et saupoudré de 40 g de sucre en poudre. Réservez au frais. Caramélisez les cylindres de poires dans 60 g de beurre et 60 g de sucre en poudre et déglacez à l'eau-de-vie. Laissez refroidir.

Le sirop de sucre
Dans une grande casserole, portez à ébullition 100 g de sucre en poudre et 300 g d'eau. Puis ajoutez le jus de l'orange et le gingembre. Faites pocher la tête de la poire dans cette préparation pendant 20 minutes à feu doux.
Pendant ce temps, dans une autre casserole, faites chauffer le sucre isomalt et l'huile essentielle de bergamote. Lorsque la température atteint 170°C, retirez du feu et laissez refroidir jusqu'à 110°C. Trempez alors l'emporte-pièce en inox et soufflez dedans pour réaliser une « bulle » de sucre et chiffonnez-la.

Le dressage
Placez le tartare dans les cylindres de poires. Disposez les têtes pochées à côté. Arrosez de caramel et recouvrez les assiettes de bulles de sucre chiffonnées.

INDEX

PHOTOGRAPHIES
© Patrick ROUGEREAU / STUDIO ROUGEREAU pour le livre et la couverture.
© Julien KNAUB pour les portraits de Christian CONSTANT, Ghislaine ARABIAN et Thierry MARX et des candidats p. 8 et 9.
© Stéphane DE BOURGIES pour le portrait de Jean-François PIÈGE.
© Mathilde DE L'ÉCOTAIS pour la photo du plat de Thierry MARX.

CONCEPTION GRAPHIQUE
Studio ROUGEREAU

M6 ÉDITIONS TIENT À REMERCIER
Les équipes de Studio 89, de M6 et de M6 Web, plus particulièrement, Matthieu BAYLE, Florence DUHAYOT, Stéphane RAK, Bertrand DELMAS, Valérie CALAZEL et Thierry COMBREXELLE.
Les chefs : Thierry MARX, Jean-François PIÈGE, Ghislaine ARABIAN, Christian CONSTANT et Cyril LIGNAC.
Les candidats : Naoëlle D'HAINAUT, Florent LADEYN, Fabien MORREALE, Yoni SAADA et Jean-Philippe WATTEYNE.
Toute l'équipe du Studio ROUGEREAU : Patrick, Fanny, Cyrille, Cédric, Pascaline…
Le restaurant L'Alcazar, plus particulièrement Michel BESMOND.
Joséphine LACASSE pour sa collaboration rédactionnelle.

TOP CHEF – produit en France par Studio 89
Adapté du format Top Chef, distribué par NBC Universal.

Dépôt Légal : avril 2013
Achevé d'imprimer en Italie en mars 2013
ISBN : 978 2 35985 105 2

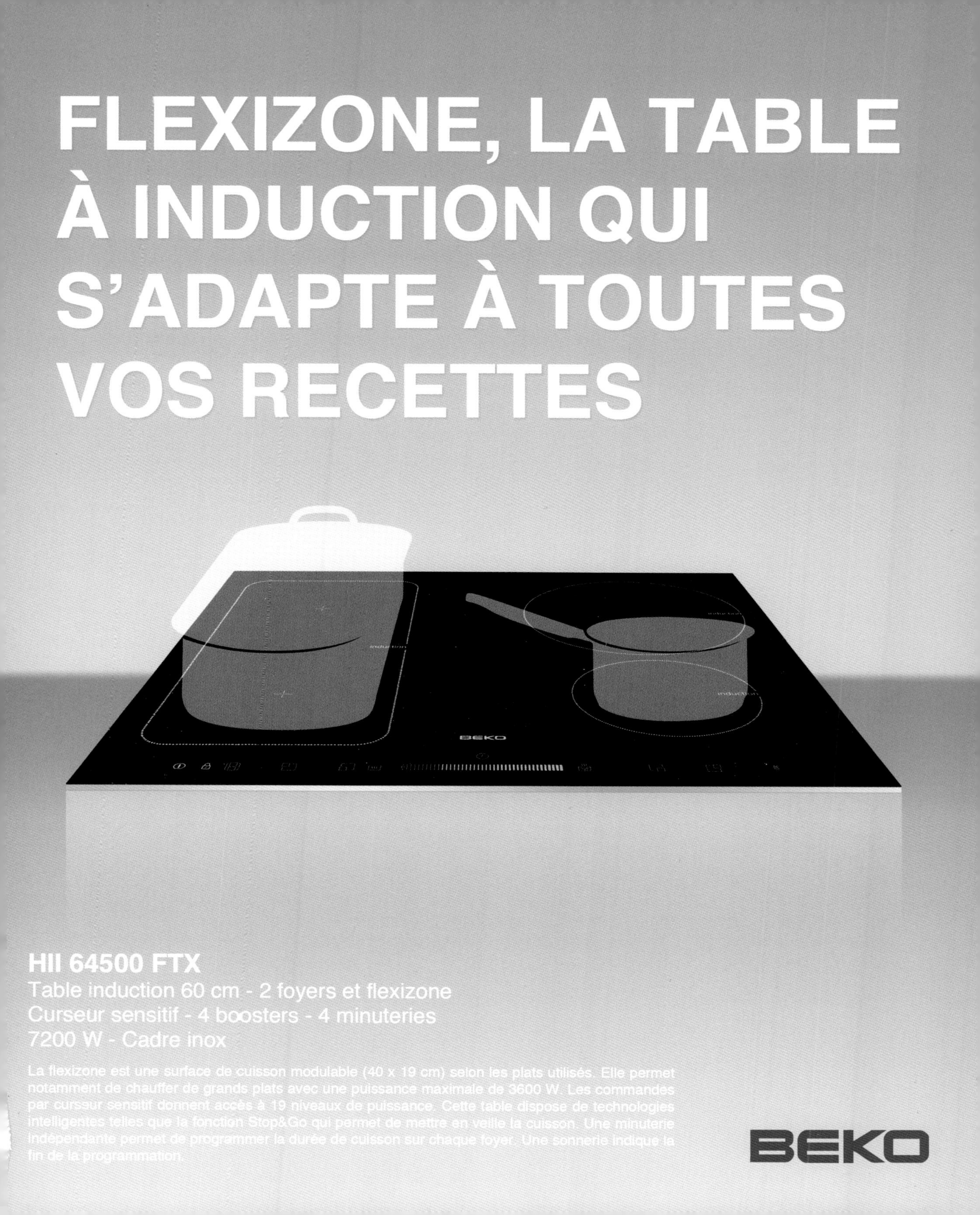
FLEXIZONE, LA TABLE À INDUCTION QUI S'ADAPTE À TOUTES VOS RECETTES
induction
induction
BEKO
HII 64500 FTX
Table induction 60 cm - 2 foyers et flexizone
Curseur sensitif - 4 boosters - 4 minuteries
7200 W - Cadre inox
La flexizone est une surface de cuisson modulable (40 x 19 cm) selon les plats utilisés. Elle permet notamment de chauffer de grands plats avec une puissance maximale de 3600 W. Les commandes par curseur sensitif donnent accès à 19 niveaux de puissance. Cette table dispose de technologies intelligentes telles que la fonction Stop&Go qui permet de mettre en veille la cuisson. Une minuterie indépendante permet de programmer la durée de cuisson sur chaque foyer. Une sonnerie indique la fin de la programmation.
BEKO